A reflexão e a prática no ensino

8

Educação Física

Márcio Rogério de Oliveira Cano
coordenador

MARCOS GARCIA NEIRA
autor

Coleção A reflexão e a prática no ensino - Volume 8 - Educação Física
MARCIO ROGÉRIO DE OLIVEIRA CANO (coordenador), MARCOS GARCIA NEIRA
2011 Editora Edgard Blücher Ltda.

Blucher

Rua Pedroso Alvarenga, 1245, 4º andar
04531-012 – São Paulo – SP – Brasil
Tel.: 55 11 3078-5366
editora@blucher.com.br
www.blucher.com.br

Segundo o Novo Acordo Ortográfico, conforme 5. ed. do *Vocabulário Ortográfico da Língua Portuguesa*, Academia Brasileira de Letras, março de 2009

É proibida a reprodução total ou parcial por quaisquer meios, sem autorização escrita da Editora.

Todos os direitos reservados pela Editora Edgard Blücher Ltda.

Ficha catalográfica

Neira, Marcos Garcia
 Educação física / Marcos Garcia Neira. -- São Paulo: Blucher, 2011. -- (Coleção A reflexão e a prática no ensino; v. 8)

ISBN 978-85-212-0634-7

1. Educação física 2. Educação física - Estudo e ensino 3. Prática de ensino I. Título. II. Série.

11-08898   CDD-796.07

Índices para catálogo sistemático:
1. Educação física escolar: Esportes 796.07

Sobre os autores

MARCIO ROGÉRIO DE OLIVEIRA CANO (COORD.)

É mestre e doutorando pelo Programa de Estudos Pós-Graduados em Língua Portuguesa da Pontifícia Universidade Católica de São Paulo. Desenvolve pesquisas na área de Ensino de Língua Portuguesa e Análise do Discurso. Possui várias publicações e trabalhos apresentados na área, além de vasta experiência nos mais variados níveis de ensino. Também atua na formação de professores de Língua Portuguesa e de Leitura e produção de textos nas diversas áreas do conhecimento nas redes pública e particular.

MARCOS GARCIA NEIRA

Professor de Educação Física, Pedagogo, Mestre e Doutor em Educação, e Livre-Docente em Metodologia do Ensino de Educação Física. Atua nos cursos de graduação e pós-graduação da Faculdade de Educação da Universidade de São Paulo e orienta pesquisas de Iniciação Científica, Mestrado e Doutorado. Coordena o Grupo de Pesquisas em Educação Física escolar na mesma instituição (www.gpef.fe.usp.br). Investiga a prática pedagógica da Educação Física, com apoio do Conselho Nacional de Desenvolvimento Científico e Tecnológico (CNPq), do qual é bolsista de produtividade em pesquisa.

Apresentação

A experiência é o que nos passa, o que nos acontece, o que nos toca. Não o que se passa, não o que acontece, ou o que toca. A cada dia se passam muitas coisas, porém, ao mesmo tempo, quase nada nos acontece. Dir-se-ia que tudo o que se passa está organizado para que nada nos aconteça. Walter Benjamin, em um texto célebre, já observava a pobreza de experiências que caracteriza o nosso mundo. Nunca se passaram tantas coisas, mas a experiência é cada vez mais rara.
Jorge Larrosa Bondía, 2001,
I Seminário Internacional de Educação de Campinas.

Esse trecho de uma conferência de Larrosa é emblemático dos nossos dias, da nossa sociedade do conhecimento ou da informação. Duas terminologias que se confundem muitas vezes, mas que também podem circular com conceitos bem diferentes. Vimos, muitas vezes, a sociedade do conhecimento representada como simples sociedade da informação. E não é isso que nos interessa. Em uma sociedade do conhecimento, podemos, por um lado, crer que todos vivam o conhecimento ou, por outro, que as pessoas saibam dele por meio de e como informação. Nunca tivemos tanto conhecimento e nunca tivemos tantas pessoas informadas e informando. Mas a experiência está sendo deixada de lado.

O grande arsenal tecnológico de memorização e registro em vez de tornar as experiências do indivíduo mais plenas, tem esvaziado a experiência, já que todos vivem a experiência do outro, que vive a experiência do outro, que vive a experiência do outro... Quando não tínhamos muito acesso aos registros da história, era como se vivêssemos o acontecimento sempre pela primeira vez. Hoje, parece que tudo foi vivido e está registrado em algum lugar para que possamos seguir um roteiro. Isso é paradoxal.

No entanto, não compactuamos com uma visão pessimista de que tudo está perdido ou de que haja uma previsão extremamente desanimadora para o futuro, mas que, de posse do registro e do conhecimento, podemos formar pessoas em situações de experiências cada vez mais plenas e indivíduos cada vez mais completos. E parece-nos que a escola pode ser um lugar privilegiado para isso. Uma escola dentro de uma sociedade do conhecimento não deve passar informações, isso os alunos já adquirem em vários lugares, mas sim viver a informação, o conhecimento como experiência única, individual e coletiva.

Tendo a experiência como um dos pilares é que essa coleção foi pensada. Como conversar com o professor fazendo-o não ter acesso apenas às informações, mas às formas de experienciar essas informações juntamente com seus alunos? A proposta deste livro é partir de uma reflexão teórica sobre temas atuais nas diversas áreas do ensino, mostrando exemplos, relatos e propondo formas de tornar isso possível em sala de aula. É nesse sentido que vai nossa contribuição. Não mais um livro teórico, não mais um livro didático, mas um livro que fique no espaço intermediário dessas experiências.

Pensando nisso como base e ponto de partida, acreditamos que tal proposta só possa acontecer no espaço do pensamento interdisciplinar e transdisciplinar. Tal exercício é muito difícil, em virtude das condições históricas em que o ensino se enraizou: um modelo racionalista disciplinar em um tempo tido como produtivo. Por isso, nas páginas desta coleção, o professor encontrará uma postura interdisciplinar, em que o tema será tratado pela perspectiva de uma área do conhecimento, mas trazendo para o seu interior pressupostos, conceitos e metodologias de outras áreas. E também encontrará perspectivas transdisciplinares, em que o tema será tratado na sua essência, o que exige ir entre, por meio e além do que a disciplina permite, entendendo a complexidade inerente aos fenômenos da vida e do pensamento.

Sabemos, antes, que um trabalho inter e transdisciplinar não é um roteiro ou um treinamento possível, mas uma postura de indivíduo. Não teremos um trabalho nessa perspectiva, se não tivermos um sujeito inter ou transdisciplinar. Por isso, acima de tudo, isso é uma experiência a ser vivida.

Nossa coleção tem como foco os professores do Ensino Fundamental do Ciclo II. São nove livros das diversas áreas que normalmente concorrem no interior do espaço escolar. Os temas tratados são aqueles chave para o ensino, orientados pelos documentos oficiais dos parâmetros de educação e que estão presentes nas pesquisas de ponta feitas nas grandes universidades. Para compor o grupo de trabalho, convidamos professoras e professores de cursos de pós-graduação, juntamente com seus orientandos e orientandas de doutorado e de mestrado e com larga experiência no ensino regular. Dessa forma, acreditamos ter finalizado um trabalho que pode ser usado como um parâmetro para que o professor leia, possa se orientar, podendo retomá-lo sempre que necessário, juntamente com outros recursos utilizados no seu dia a dia.

Márcio Rogério de Oliveira Cano
Coordenador da coleção

Prefácio

Diz a sabedoria popular que se algo é repetido com bastante frequência, algum fundamento tem. De ouvidos e olhos atentos, acompanhamos nos últimos anos a eclosão de um intenso debate a respeito do currículo escolar da Educação Física. Esse fato merece elogios. Para além de sinalizar certa preocupação com o que se está fazendo nas escolas e com o cidadão que se pretende formar, chama a atenção pelo insólito, pois, historicamente, a discussão permaneceu restrita à relevância ou não do componente. Pois bem, se aceitarmos que experiências distintas formam diferentemente as pessoas e que qualquer decisão sobre a trajetória educacional é, antes de tudo, política, teremos a explicação para as disputas discursivas que caracterizam o cenário atual. Afinal, o que está em jogo no momento é a definição daquilo que deve acontecer nas aulas de Educação Física, em outras palavras, o que está em jogo é qual Educação Física ensinar.

Diante das vertentes em circulação, o professor comumente opta por um dos três procedimentos: analisa as finalidades educacionais da instituição em que atua e as confronta com as propostas curriculares a fim de fazer uma escolha consciente; trabalha com aquela com a qual se identifica e, por último, desenvolve o seu trabalho sem refletir acerca dos fundamentos e pressupostos que o sustentam, consequentemente, sem ter clareza sobre a teoria curricular que coloca em ação. Ampliando ainda mais a confusão, há quem diga que todas as perspectivas curriculares possuem aspectos positivos, por isso, o recomendado é trabalhar com o que há de melhor em cada uma.

O problema é que tal pluralismo deixa de considerar que cada currículo, ao fundamentar-se em determinadas teorias e enveredar por uma pedagogia específica, recorre a concepções de mundo, sociedade, escola, área de conhecimento, cidadão e prática corporal divergentes, formando consequentemente pessoas diferentes. Ora, não nos deixemos enganar. Não se trata de retirar da prateleira uma boa proposta e utilizá-la, podendo descartá-la, caso não corresponda às expectativas iniciais. Cada contexto social apresenta à escola demandas próprias que poderão ser respondidas mediante uma postura consciente, coletiva e refletida por parte dos professores. Antes de pensarmos e decidirmos por um ou outro currículo de Educação Física é indispensável participar da construção do projeto pedagógico da escola.

Enquanto processo, o projeto pedagógico reúne as análises da realidade e as decisões acerca das finalidades educativas. O projeto pedagógico é o documento de identidade da instituição. Após os devidos embates para definir objetivos, conteúdos, tempos, métodos e atividades, entre outros, é nele que a proposta formativa se concretiza. É impossível organizar a tarefa educativa de modo coerente sem vivenciar a elaboração do projeto ou, para dizer o mínimo, tomar conhecimento dos rumos que a escola traçou. O currículo de Educação Física mais adequado para uma escola é, portanto, aquele que se mostra coerente com tudo o que foi acordado coletivamente. Uma escola não poderá cumprir sua função social a contento, enquanto a Educação Física continuar construindo muros ao seu redor, repetindo slogans sobre a especificidade da sua ação. Distante do projeto institucional, qualquer proposta curricular padecerá. É bem conhecida a máxima que diz: quem caminha fora do projeto chega a outro lugar.

Um currículo não é um objeto de fácil apreensão. Ele jamais se deixa agarrar e isolar. Utilizamos o modelo do átomo com seu núcleo e elétrons para representar o que, ao menos no nosso entender, acontece com o currículo. Ao seu redor orbitam circunstâncias. É justamente por causa das circunstâncias que abrimos mão dos termos "tendências" ou "abordagens", presentes na literatura, e passamos a empregar simplesmente "currículo". Numa visão contemporânea, o currículo de uma disciplina agrega não só os conhecimentos a serem transmitidos, mas também, métodos, avaliação, exemplos utilizados, recursos didáticos, ou seja, tudo o que envolve a experiência pedagógica e traz consêquencias para a formação das identidades de alunos e professores. Os alunos usam uniforme ou não? E os professores? Estão divididos em grupos ou realizam as atividades individualmente? Uma atividade requer filas ou roda? As aulas se baseiam em vivências corporais ou há, também, outras atividades de ensino? Os esportes midiáticos são exaltados ou há espaço para outras modalidades? A comunidade tem seu repertório reconhecido ou as aulas enfatizam práticas corporais que lhes são estranhas? Como se nota, para nós, tudo o que acontece nas aulas e para além delas é uma questão de currículo.

O currículo só ganha significado quando se miram as práticas educativas que lhe dão sustentação. É no fazer pedagógico que a ação curricular entra em ebulição. É por meio do currículo que professores, alunos e conhecimentos interagem numa direção ou noutra. Todo currículo, pode-se dizer, é um recorte da cultura mais ampla, um conjunto de saberes que alguém selecionou, visando formar o sujeito que atuará na sociedade. O que permite concluir que todo currículo corresponde aos anseios e expectativas de um determinado setor social que, comumente, goza de melhores condições para definir o que deve ou não ser ensinado e como isso acontecerá.

Diversas análises revelam que o currículo é um campo de luta política e institucional entre Estado, igreja, sociedade civil e os diversos grupos que manifestam interesses, desejos e necessidades de sobrevivência e convivência. Isso demonstra que os currículos podem ser vistos como artefatos da história. Produções e invenções configuradas para garantir a reprodução cultural e social, requisito para assegurar a continuidade da sociedade que lhes dá suporte. Todavia, simultaneamente ao processo de imposição de determinadas visões de mundo, o currículo enfrenta resistências, transgressões e ressignificações. Enfim, o currículo é vivo e dinâmico, é resultado do que fazemos dele.

Desde o século XVIII, quando os filantropos europeus atribuíram valor pedagógico às práticas corporais visando à formação integral do sujeito iluminista, passando pela crítica aos métodos ginásticos proferida pelos escolanovistas que defenderam o componente lúdico como meio educativo, até o final do século XX com a emergência de discursos favoráveis ao "ensino esportivo", à "educação do/pelo movimento" ou à adoção de um "estilo de vida ativo", o currículo da Educação Física vem se constituindo em um campo multifacetado de sentidos e intenções.

Nos anos mais recentes, a área incorporou as discussões pedagógicas contemporâneas e iniciou um conflituoso processo de mudanças. Abandonou os referenciais psicobiológicos que visavam adequação do sujeito à sociedade desenvolvimentista e adotou os construtos teóricos das Ciências Humanas. Os currículos da Educação Física passaram a situar as práticas corporais como produtos culturais e a considerar o aluno como sujeito histórico, assumindo o compromisso de colaborar na formação do cidadão que atua com responsabilidade e compromisso coletivo na vida pública.

Os novos aportes teóricos fizeram das práticas corporais, anteriormente vistas como instrumentos de educação, produtos da gestualidade, formas de expressão e comunicação. Enfim, produtos da cultura. Quando brincam, dançam ou praticam esportes, as pessoas manifestam sentimentos, emoções, formas de ver o mundo, conhecimentos, relações de poder, enfim, seu patrimônio cultural. Dado seu teor expressivo, as práticas corporais se configuram como uma das possibilidades de comunicação e interação entre e nos diversos grupos que compartilham a paisagem social, independentemente dos seus valores, normas ou padrões.

Diante do movimento da área, é lícito dizer que, na Educação Física atual, convivem propostas de variados matizes. Há aquelas que perseguem a melhoria dos aspectos motores, sociais, cognitivos e afetivos; outras, que buscam o alcance de padrões tipificados de comportamento e, ainda, há aquelas que promovem o desenvolvimento das competências desejadas para instauração de uma vida fisicamente ativa. Nestes casos, agregam os significados e sentidos pertencentes aos grupos dominantes e veiculam representações hegemônicas de mundo, reduzindo o espaço para a manifestação de outras concepções. Esses currículos se configuram como campos fechados, impermeáveis ao diálogo com o patrimônio cultural que caracteriza a diversidade que coabita a sociedade. Tais propostas se coadunam com um projeto pedagógico idealizado pela sociedade neoliberal, na qual, o mercado, a competitividade e a meritocracia são palavras de ordem.

O desconforto com esse quadro e a busca de alternativas vêm motivando, desde 2004, professores de Educação Física que atuam em escolas públicas e privadas a se reunirem quinzenalmente nas dependências da Faculdade de Educação da Universidade de São Paulo para debater, estudar, propor, experimentar e avaliar alternativas, trata-se do **Grupo de Pesquisas em Educação Física Escolar** da FEUSP.

Durante os encontros são discutidos os referenciais teóricos que ajudam a pintar com outras cores a paisagem pedagógica do componente. Buscando inspiração nos pressupostos teóricos dos Estudos Culturais e do multiculturalismo crítico, experiências curriculares são planejadas, colocadas em prática e analisadas crítica e coletivamente. Como objetivo a ser alcançado, vislumbram uma sociedade que considere prioritário o cumprimento do direito, que todos os seres humanos têm, de ter uma vida digna, em que sejam plenamente satisfeitas suas necessidades vitais, sociais e históricas. Em tal contexto, os significados só podem ser: equidade, direitos, justiça social, cidadania e espaço público.

No nível conceitual, um currículo da Educação Física comprometido com essa visão, ao tematizar as práticas corporais, questiona os marcadores sociais nelas presentes: condições de classe, etnia, gênero, níveis de habilidade, local de moradia, histórias pessoais, religião, entre outros. Uma proposta curricular com esse teor recorre à política da diferença por meio do reconhecimento das linguagens corporais daqueles grupos sociais quase sempre silenciados. Um currículo de Educação Física engajado na luta contra a desigualdade social prestigia, desde seu planejamento, procedimentos democráticos para a decisão dos temas de estudo e atividades de ensino; valoriza experiências de reflexão crítica das práticas corporais do universo vivencial dos alunos para, em seguida, aprofundá-las e ampliá-las mediante o diálogo com outras representações e outras manifestações corporais.

Nessa perspectiva curricular, aqui denominada "cultural", a experiência escolar é um campo aberto ao debate, ao encontro de culturas e à confluência da diversidade de manifestações corporais dos variados grupos sociais. O currículo cultural da Educação Física é uma arena de disseminação de sentidos, de polissemia, de produção de identidades voltadas para a análise, interpretação, questionamento e diálogo entre e a partir das culturas.

Afinal, se a escola for concebida como ambiente adequado para análise, discussão, vivência, ressignificação e ampliação dos saberes relativos às manifestações corporais, poderá almejar a formação de cidadãos capazes de desconstruir as relações de

---

Grupo de Pesquisas em Educação Física Escolar: grupo da FEUSP que se reúne quinzenalmente, desde 2004, para debater o ensino do componente na escola contemporânea, propor encaminhamentos acerca da prática pedagógica e interpretar seus resultados. Procurando colaborar com a produção científica da área, o Grupo busca fundamentação nos Estudos Culturais e no multiculturalismo crítico. Os professores e professoras participantes desenvolvem experiências didáticas e investigações que abrangem a Educação Básica e o Ensino Superior. Visando socializar os conhecimentos produzidos e intercambiar trajetórias vividas, o Grupo organiza periodicamente o Curso de Extensão "Cultura corporal: fundamentação e prática pedagógica" e o Seminário de Metodologia do Ensino de Educação Física. Fonte: Gepef. Disponível em: <www.gpef.fe.usp.br>.

poder que, historicamente, impediram o diálogo entre os diferentes representantes das práticas corporais. O que se tem como pressuposto é que em uma educação democrática não existem brincadeiras, danças, lutas, esportes ou ginástica melhores ou piores. Por essa razão, o currículo cultural da Educação Física tem condições de borrar as fronteiras e estabelecer relações entre as variadas manifestações da gestualidade sistematizada, de forma a viabilizar a análise e o compartilhamento de um amplo leque de sentidos e significados.

Ao conceber a educação como instrumento de justiça social e prática social fundamental para a consolidação da sociedade democrática, só é possível defender a justa distribuição dos recursos públicos e o reconhecimento da dignidade, bem como das vozes de todas as pessoas, na composição do espaço coletivo. Eis o que distingue o currículo cultural, eis o seu caráter.

Infelizmente, a carência de investigações minuciosas sobre as experiências já realizadas com o currículo cultural tem dificultado uma compreensão mais profunda daquilo que se tem feito, o que resulta na intimidação de eventuais ousadias e na inviabilização de novas conquistas, além de dificultar a disseminação dos avanços. Nunca é tarde para lembrar que uma prática sem a devida reflexão transforma-se em mera reprodução.

É certo que os professores que participam do grupo de pesquisas individualmente acumulam conhecimentos produzidos mediante interpretações das próprias vivências. Essas experiências, registradas em relatos de prática, constituíram-se num importante material de apoio para elaboração da presente obra. Os excertos dos documentos pedagógicos elaborados pelos docentes foram transformados em ilustrações que facilitam a compreensão da proposta. A fim de preservar a identidade dos alunos, os nomes mencionados são fictícios.

Quando os professores ousaram romper com a tradição da área e mesmo na ausência de modelos ou guias de referência, construíram e desenvolveram, conjuntamente com seus alunos, o currículo cultural – vertente apenas imaginada no âmbito acadêmico –, mostraram mais uma vez que a escola é um espaço de produção de conhecimentos relevantes a partir da ação.

Este livro foi escrito com base nas experiências de quem se arriscou a fazer diferente. Professores e professoras que, movidos pela crença na possibilidade de uma sociedade menos desigual, ousaram na busca de alternativas para combater as representações e a fixação de signos da cultura dominante por meio das aulas de Educação Física, ou seja, rebelaram-se contra o engessamento que a pedagogia monocultural do componente insistentemente vem repetindo.

Ao colocarem em ação uma proposta curricular que tenciona a formação de sujeitos para promoção e luta pela equidade social e que, por isso, recorrem ao diálogo, decisões e atuações fundadas na responsabilidade individual e coletiva, os professores caminham por trilhas incertas. Ora, o currículo cultural traz implicações para as formas de regulação política e pedagógica quando coloca no mesmo patamar as técnicas científicas e culturais, os saberes acadêmicos e do cotidiano, a ciência moderna e outras formas de fazer ciência.

De muitas formas, o currículo cultural da Educação Física traz para o interior da cultura escolar as diversas produções sistematizadas, nas mais variadas formas de expressão corporal, o que realça seu foco na diversidade. Cada uma das manifestações culturais corporais, ao ser tematizada pelas atividades de ensino, possibilita um trabalho pedagógico que, de maneira articulada aos objetivos institucionais descritos no Projeto Pedagógico da escola, proporciona um processo permanente de reflexão acerca dos problemas sociais que a envolvem ou envolveram no seu contínuo processo de construção. Permite, ainda uma reflexão sobre o modo como cada manifestação é representada pelos distintos grupos sociais, visto que o currículo cultural procura problematizar conhecimentos a fim de contribuir para a construção de uma sociedade mais democrática e equitativa.

Esperamos que a combinação dos pressupostos teóricos com os fragmentos das práticas possa subsidiar o incremento dessa perspectiva de ensino nas escolas e, principalmente, colaborar para a sua consolidação enquanto orientação didática atenta à diversidade cultural e sensível à formação de identidades democráticas.

Relatos de prática

Relato 01	Educação Física: sem essa de 'galinhão' EMEFEI Jardim Felicidade	Simone Alves
Relato 02	A cultura oriental na escola Colégio Santa Clara	Alexandre Vasconcelos Mazzoni
Relato 03	Danças eletrônicas: do intervalo às aulas de Educação Física – EMEFEM Derville Allegretti	Camila Silva de Aguiar
Relato 04	Lutar é "coisa" de menina? E.E. Marechal Floriano	Fernando César Vaghetti
Relato 05	*Hip-hop* na escola EMEF Tenente Alípio Andrada Serpa	Jacqueline Cristina Jesus Martins
Relato 06	Ameba, Real, Chinesa, Baleado: protagonizando jogos de queimada – EMEF Raimundo Correia	Jorge Luiz de Oliveira Júnior
Relato 07	Zum Zum Zum Zum Capoeira mata um? Núcleo de Ensino Max	Marcos Ribeiro das Neves
Relato 08	Tematizando lutas nas aulas de Educação Física EMEF Prof. Roberto Plínio Colacioppo	Natália Gonçalves
Relato 09	Bicicleta: duas rodas e muitos caminhos EMEF Dona Jenny Gomes	Nyna Taylor Gomes Escudero
Relato 10	Os diferentes sentidos da capoeira EEFMT Maria Theodora Pedreira de Freitas	Ronaldo dos Reis
Relato 11	Futebol e representações sociais na escola EMEF Ministro Synésio Rocha	Rose Mary Papolo Colombero
Relato 12	Futebol americano: borrando fronteiras Colégio Santa Clara	Alexandre Vasconcelos Mazzoni
Relato 13	Práticas avaliativas nas aulas de Educação Física EMEF Prof. Anézio Cabral	Cindy Cardoso de Siqueira
Relato 14	*Hip-hop* EMEF Roberto Mange	Alessandro Marques da Cruz

Conteúdo

1. INFLUÊNCIAS CONTEMPORÂNEAS NO CURRÍCULO DA EDUCAÇÃO FÍSICA 23
2. O CURRÍCULO CULTURAL DA EDUCAÇÃO FÍSICA EM AÇÃO 43
3. O RECONHECIMENTO DA CULTURA CORPORAL DA COMUNIDADE 55
4. JUSTIÇA CURRICULAR 69
5. A DESCOLONIZAÇÃO DO CURRÍCULO 79
6. ANCORAGEM SOCIAL DOS CONHECIMENTOS 95
7. TEMATIZAÇÃO 101
8. MAPEAMENTO 107
9. RESSIGNIFICAÇÃO 125
10. APROFUNDAMENTO E AMPLIAÇÃO 137
11. REGISTRO E AVALIAÇÃO 159
12. CONSIDERAÇÕES FINAIS 167

1
Influências contemporâneas no currículo da Educação Física

Há muito que o currículo em vigor, em grande parcela das escolas, sofre questionamentos, dado seu tratamento privilegiado aos elementos provenientes da cultura dominante. A alternativa, ao menos por enquanto, é a inserção e problematização no currículo daqueles conhecimentos advindos das culturas subordinadas, a chamada educação multicultural.

Ao analisar o caráter diversificado de nossa sociedade em processo de globalização e, como as questões das diferenças de classe social, gênero, etnia, orientação sexual, cultura e religião se expressam em diferentes contextos sociais, Moreira (2001, p. 66) refere-se à educação multicultural como a "[...] sensibilidade para pluralidade de valores e universos culturais no interior de cada sociedade e entre diferentes sociedades". Ângelo (2002, p. 39) entende que a educação multicultural "pode ser um dos instrumentos pedagógicos sociais para construir as relações interculturais baseadas no diálogo entre as culturas". Por sua vez, Willinsky (2002) reivindica uma educação multicultural que conteste as linhas divisórias e a importância da diferença; que não aceite as divisões entre os seres humanos como um fato da natureza, mas como uma categoria teórica produzida por quem está no poder.

A educação em uma perspectiva multicultural crítica não só valoriza e reconhece as diferenças, como também, assegura a diversidade cultural, superando processos discriminatórios, opressão, injustiça social e naturalização das diferenças, bem como apontando focos de resistência e de construção da identidade cultural.

Os defensores dessa proposta parecem não ter sensibilizado a comunidade docente da Educação Física, o que possibilita aventar a hipótese de que uma larga distância separa os profissionais da educação responsáveis pela problematização da cultura corporal, da discussão mais ampla do currículo. Em geral, a produção científica disponível abarca o currículo escolar como um todo e, dentre outros enfoques, tem se preocupado predominantemente com a relação entre a cultura escolar e a cultura experiencial dos alunos.

Apesar dos alertas, diversos trabalhos empíricos denunciam o padecimento da ousadia diante da colonização ainda presente nos currículos da área. Nas raríssimas ocasiões em que os esportes brancos, cristãos e euroamericanos têm seu privilégio questionado, o espaço é rapidamente ocupado por exercícios psicomotores ou brincadeiras descontextualizadas, disseminando representações de mundo, sociedade, homem, mulher etc. tão restritas quanto aquelas que a substituição quis desestabilizar.

Os estudos demonstram ser esse o panorama curricular na maioria das escolas. O problema é que tanto as práticas pedagógicas quanto as manifestações corporais veiculadas atuam decisivamente na formação de subjetividades mediante a produção e reprodução de discursos sobre nós, o outro e sobre as diferenças. Assim, o privilégio, concedido às práticas corporais, tem como resultado a veiculação dos significados dos grupos culturais que historicamente desfrutaram de vantagens sociais, em detrimento daqueles oriundos dos setores minoritários.

Quando o currículo está desvinculado das mudanças culturais, corrobora o processo de dominação, subalternização, discriminação e conflito entre culturas. Com aulas focadas nas habilidades motoras, na aprendizagem esportiva ou nas noções monoculturais de saúde e cuidado com o corpo, dificilmente se possibilitará a construção de subjetividades mais abertas ao trato da diversidade. Isso porque "a linguagem corporal dominante é 'ventríloqua' dos interesses dominantes" (BRACHT, 1999, p. 81).

Antes que os professores sejam responsabilizados pela hegemonia de certos conhecimentos nos currículos, convém recordar que, enquanto alunos da Educação Básica, dos cursos de Licenciatura ou mesmo de formação continuada, os docentes também construíram (e seguem construindo) representações acerca do ensino de Educação Física, ou seja, acessaram uma determinada identidade do componente. O que implicou na legitimação de saberes e formas de proceder. Basta observar, por exemplo, o predomínio de procedimentos didáticos que prometem a melhoria do desenvolvimento motor, cognitivo, afetivo-social ou a fixação de gestos considerados adequados pela cultura hegemônica.

Considerando que toda decisão curricular é uma decisão política e que o currículo pode ser visto como um território de disputa em que diversos grupos atuam para validar conhecimentos (SILVA, 2007), é lícito afirmar que, ao promover o contato com determinados textos culturais, o currículo da Educação Física, além de viabilizar o acesso e uma gradativa compreensão dos conhecimentos veiculados, influencia as formas de interpretar o mundo, interagir e comunicar ideias, além de sentimentos.

Dada a importância política e pedagógica do compromisso de formar identidades culturais democráticas e atender à diversidade cultural da sociedade, são bem-vindos todos os currículos que rompam com a tradição da área (elitista, excludente, classificatória e monocultural). Por tradição, denuncia Daolio (2010), a Educação Física escolar se pauta nas explicações naturalistas, objetivando padrões físicos e homogeneizando os alunos. Nessa relação pedagógica, biologicamente fundada, qualquer diferença percebida é justificada por características congênitas. O outro, portanto, é o inábil, incapaz, lento, descoordenado. Objetivada unicamente em comportamentos motores e padrões físicos, a diversidade cultural é ocultada, retirando dos alunos seus traços identitários.

Quando olhamos o ser humano, a partir de uma perspectiva naturalista, diz o autor, enxergamos primeiramente as semelhanças físicas entre os indivíduos. Por essa razão, os currículos que adotaram uma matriz psicobiológica para definir o objeto de estudo da Educação Física (BRACHT, 2007) – **esportivista, desenvolvimentista, psicomotor e da saúde**, dentre outras características em comum –, estabelecem um rol de conteúdos considerados necessários a todos os sujeitos indistintamente e baseiam seus procedimentos didáticos nas teorias psicológicas da aprendizagem que, segundo Silva (1993) citado por Bracht (2007), implicam necessariamente na sua despolitização.

No campo da Educação Física tem sido frequente o uso de "tendências pedagógicas" (GHIRALDELLI Jr., 1988; CASTELLANI FILHO, 1988; BRACHT, 1999) ou "abordagens" (DARIDO, 2003; CAMPOS, 2011) para definir os diferentes arranjos de situações de ensino, partindo-se do pressuposto de que a ação educativa exercida por professores agrega, implícita ou explicitamente, de forma articulada ou não, um referencial teórico que compreende conceitos de homem, mundo, sociedade, cultura, conhecimento, área etc. Sem desmerecer essas classificações, pelas razões expostas anteriormente, em seu lugar empregamos o termo currículo, fundamentados em Silva (2007, p. 21), para quem, "todas as teorias pedagógicas e educacionais são também teorias do currículo".

A hegemonia burguesa e masculina no currículo da Educação Física é visível no grande valor atribuído à educação esportiva nas décadas recentes. Castellani Filho (2001) recorda que o esporte, tal qual o concebemos, é uma invenção da sociedade moderna com fins de prática social. Desenvolveu-se, desde seu surgimento, como uma atividade para um determinado grupo social: as elites econômicas e com gênero definido, o masculino.

Pedagogia tecnicista: *expressão que se refere a currículos com enfoque esportivista, desenvolvimentista, psicomotor e da educação para a saúde, sugeridos respectivamente por Borsari et al. (1980), Tani et al. (1988), Freire (1989) e Mattos e Neira (2000), segundo um longo capítulo dedicado ao tema, por Neira e Nunes (2006), intitulado "O currículo da Educação Física". Para Saviani (1992), a pedagogia tecnicista encontra fundamentação nas teorias não críticas da educação, por entender a escola como instrumento de equalização social, possibilitadora de inclusão social, tendo como função básica homogeneizar as ideias, reforçar os laços sociais, evitar a degradação moral e ética e oportunizar autonomia e superação da marginalidade, entendida como fenômeno acidental e resultado da "incompetência" das pessoas, individualmente.*

Enquanto campos de luta pela significação e afirmação de identidades, Neira e Nunes (2009) concebem esses currículos como espaços genderizados, classizados e racializados, ou seja, dizem respeito ao predomínio de um determinado gênero, classe ou raça. Ao apresentarem o **esporte** como um modelo de saúde, os padrões de movimento e as funções perceptivas como formas corretas de ser, tais propostas não apenas validam seus pressupostos, como instituem identidades e diferenças. Os discursos presentes nesses currículos afirmam a feminilidade desejada, a masculinidade adequada, a classe social digna e a etnia verdadeira, renegando qualquer outra possibilidade. Veja-se, por exemplo, como o currículo esportivo estabelece os parâmetros para classificação dos alunos. Se considerarmos que a maior parte das aulas privilegiam esportes masculinos, é fácil observar que o lugar de destaque é ocupado pelos garotos, enquanto as meninas são relegadas ao segundo plano. O mesmo acontece com os meninos que não gostam de jogar ou que jogam mal. Por outro lado, se uma menina joga muito bem, por vezes lhe é concedido o direito de participar do jogo dos meninos.

Corazza julga que o interesse de objetivar padrões comuns não é inocente:

> *Devido ao seu caráter unificador, esses padrões operam como perversos instrumentos para conceder ou negar recursos, recompensar ou castigar instituições, aprofundar as divisões existentes, reforçar as desigualdades, discriminar ou suprimir as vozes e histórias dos diferentes (CORAZZA, 2010, p. 106).*

Ora, se quisermos corresponder às demandas da contemporaneidade e adotar a inclusão, justiça, diálogo, reconhecimento, diferença e equidade como princípios pedagógicos da Educação Física, teremos de romper com o continuísmo que asfixia o componente, adotar a cultura corporal como objeto de estudo (BRACHT, 2007) e, desenvolver currículos multiculturalmente orientados.

Moreira e Silva (2005, p. 31), quando defendem que a construção de "ordens curriculares alternativas" passa por fazer uma história do currículo, afirmam que "desnaturalizar e historicizar o currículo existente é um passo importante na tarefa política de estabelecer objetivos alternativos e arranjos curriculares que sejam transgressivos da ordem curricular existente".

O entendimento de que as **pedagogias tecnicistas** da Educação Física, bem como as inspiradas nas teorias críticas, não coadunam com a função social da escola multicultural contemporânea foi o estopim para o esforço conjunto dos professores participantes do Grupo de Pesquisa em Educação Física Escolar da FEUSP para a construção e o desenvolvimento de um currículo inspirado na teorização pós-crítica.

Canen, Oliveira e Assis (2009) entendem que os currículos centralizados, ao intentarem incluir os alunos em uma cultura universal, não atentam para a diversidade do cotidiano escolar. O que se tem é a segregação daqueles alunos cujos interesses divergem, provocando uma guetização, ou seja, um isolamento entre/de grupos nas aulas, dada a negação das possibilidades de ações coletivas e entrecruzamento de culturas.

> *Algumas destas implicações para os/as alunos/as [...], são: a excessiva distância entre suas experiências socioculturais e a escola, o que favorece o desenvolvimento de uma baixa autoestima, elevação dos índices de fracasso escolar e a multiplicação de manifestações de desconforto, mal-estar e agressividade com relação à escola (CANDAU, 2008, p. 27).*

Em sua contestação das pretensões modernas que caracterizam os currículos influenciados pelas teorias não críticas e críticas, as teorias pós-críticas não apontam nenhum caminho perfeccionista, salvacionista ou progressista. Elas não se arrogam a pretensão de oferecer a interpretação mais coincidente com a realidade. "Não constituem uma doutrina geral sobre o que é 'bom ser', nem um corpo de princípios imutáveis do que é 'certo fazer'" (CORAZZA, 2001, p. 56). No campo curricular, não oferecem nenhuma proposta de modificação dos comportamentos ou sentimentos calcada em ideais regulatórios, contentam-se com problematizar a cultura em que vivemos e o tipo de subjetivação promovida pela experiência escolar.

Nos dizeres de Corazza (2002), **artistar** currículos implica necessariamente atribuir outros significados para o planejamento, execução e avaliação da tarefa educacional. Ora, produzir um currículo nada mais é do que produzir cultura. Segundo o contexto escolar e comunitário, professores ou professoras responsáveis pelos relatos cujos excertos ilustram este livro, ao basearem-se nos compromissos políticos dos Estudos Culturais e do multiculturalismo crítico, criaram alternativas metodológicas, elegeram temas diversos, enfim, atuaram de diferentes maneiras para produzir o currículo "cultural", multicultural crítico, pós-crítico ou multiculturalmente orientado.

Artistar: conceito que se refere a uma estética, a uma ética e a uma política a se inventar junto a uma educação que procura "o não-sabido, o não-olhado, o não-pensado, o não-sentido, o não-dito". A pesquisa, o trabalho do professor com seus orientandos e alunos, se dá nas zonas fronteiriças, na penumbra da cultura, nas tocas mais estranhas da linguagem. Como em todo desenvolvimento de uma arte, artistar a educação implica se entregar ao caos para se situar mais e extrair dali matérias para criações. Trata-se de "arriscar-se, assumir o risco da morte, que é estar viva/o, sem se considerar um produto acabado". O termo "artistagem" foi cunhado por Sandra Corazza (2002, p. 15).

Os Estudos Culturais são resultantes de uma movimentação teórica e política que surge como um conjunto de análises que revolucionou a teoria cultural nos anos 1950. O que está em jogo é a noção de cultura. Para seus primeiros autores, **Raymond Williams** e **Richard Hoggart,** intelectuais oriundos das classes operárias britânicas, que acessaram à universidade, a oposição entre "cultura alta" e "cultura de massa" não passa de um etnocentrismo cultural dominante que descarta qualquer produção ou realização humana não submetida à tradição letrada. Nessa visão, a tentativa do domínio de uma concepção estética está ligada ao domínio político das relações sociais. A produção cultural é uma forma de distinção social e não algo melhor, realizado por grupos que se autoafirmam como superiores.

Para Hall (1997), um de seus mais proeminentes interlocutores, os estudos da cultura reconhecem que as sociedades capitalistas marcam divisões de classe, gênero, etnia, gerações e orientação sexual, entre outras. Nos Estudos Culturais, a cultura é um terreno em que são estabelecidas as divisões, mas também é uma arena em que elas podem ser contestadas. Como território de luta pela significação, é na cultura que os grupos minoritários tentam resistir aos interesses dos grupos dominantes. Consequentemente, os **textos culturais** são compreendidos como produções sociais, locais e práticas em que o significado é negociado, traduzido, fixado e ressignificado. Ou seja, nos textos da cultura as identidades e as diferenças são produzidas, representadas e marcadas. É na cultura, na luta pela significação, que nasce a desigualdade social.

> *A cultura é um dos principais locus onde são estabelecidas e contestadas tais divisões, onde se dá a luta pela significação, na qual os grupos subordinados tentam resistir à imposição de significados que sustentam os interesses dos grupos dominantes. Neste sentido, os textos culturais são muito importantes, pois eles são um produto social, o local onde o significado é negociado e fixado. (COSTA, 2000, p. 25).*

Os Estudos Culturais constituíram-se por diferentes vertentes que, superando seu modelo inicial neomarxista e preocupados com aspectos de hegemonia e ideologia, incorporaram outras ferramentas de análise do social para operar em variadas esferas da política cultural. Como resultado, extrapolaram sua condição de produção teórica e transformaram-se em forma de intervenção política que expõe os mecanismos de subordinação, controle e exclusão que produzem efeitos indesejados no mundo social.

Embora Corazza (2010) tenha empregado o termo com o mesmo sentido, a sua utilização desde Neira e Nunes (2006) deveu-se ao reconhecido trabalho de Mizukami (1986). Para quem, a abordagem de ensino sociocultural enfatiza aspectos sócio-político-culturais, sempre partindo "do que é inerente ao povo, sobretudo do que as pessoas assimilaram como sujeitos, não lhes fornecendo, portanto, coisas prontas, mas procurando trazer valores que são inerentes a essas camadas da população e criar condições para que os indivíduos os assumam e não somente os consumam" (p. 85). Há que se dizer, no entanto, que Lopes e Macedo (2010) referem-se ao currículo cultural como aquele que se materializa nos artefatos circulantes pela sociedade. Tal qual sugere Silva (2000b) quando se refere à pedagogia cultural.

Raymond Williams: (1921-1988) novelista e crítico galês.

Richard Hoggart: (1918 -) sociólogo e literato inglês.

Textos culturais: expressão que, na análise cultural, se refere a "uma variada e ampla gama de artefatos que nos 'contam' coisas sobre si e sobre o contexto em que circulam e em que foram produzidos" (COSTA, 2010, p. 138).

Nelson, Treichler e Grossberg (2008) definem os Estudos Culturais como um termo de conveniência para uma gama bastante dispersa de posições teóricas e políticas. Sendo profundamente antidisciplinares, pode-se dizer que, sinteticamente, partilham o compromisso de examinar práticas culturais do ponto de vista de seu envolvimento com e no interior de relações de **poder**, o que, segundo os autores, exige um esforço no sentido de teorizar e capturar as mútuas determinações e inter-relações das formas culturais e das forças históricas. Giroux compreende os Estudos Culturais como:

> Para Michel Foucault, o poder opera como uma rede e não se situa numa coisa ou lugar específico, mas que circula em todas as direções.

> [...] o estudo da produção, da recepção e do uso situado de variados textos, e da forma como eles estruturam as relações sociais, os valores e as noções de comunidade, o futuro e as diversas definições do eu. (GIROUX, 2008, p. 98).

No âmbito educacional, Costa, Silveira e Sommer (2003) apontam como contribuições mais importantes dos Estudos Culturais aquelas que têm possibilitado a extensão das noções de educação, pedagogia e currículo para além dos muros da escola; a desnaturalização dos discursos de teorias e disciplinas instaladas no aparato escolar; a visibilidade de dispositivos disciplinares em ação na escola e fora dela; a ampliação e complexificação das discussões sobre identidade e diferença e sobre processos de subjetivação.

Os Estudos Culturais fornecem subsídios para afirmar o caráter político do currículo. Incitam uma investigação mais rigorosa que busque desvelar como se dão os processos de identificação/diferenciação travados no seu interior. Para os Estudos Culturais, revelar os mecanismos pelos quais se constroem determinadas representações é o primeiro passo para reescrever os processos discursivos e alcançar a formação de outras identidades (NELSON; TREICHLER; GROSSBERG, 2008).

Em virtude de seu compromisso com o exame das práticas culturais a partir de seu envolvimento com e no interior das relações de poder, os Estudos Culturais contribuem para as análises do currículo. Sua recusa em desvinculá-lo da política do poder reforça a ideia de que não se pode ignorar os fatores que interferem na definição dos significados e das metas da educação. Parafraseando Silva (2007), depois dos Estudos Culturais, não podemos mais olhar para o currículo com a mesma inocência de antes, pois, nele, travam-se lutas por significação. Sendo texto e discurso, o currículo forja identidades.

Semelhantemente ao que ocorreu com os Estudos Culturais, o multiculturalismo também se originou no hemisfério norte. Após a Segunda Guerra Mundial, os países ricos presenciaram um intenso fluxo migratório proveniente das ex-colônias como decorrência de problemas sociais e econômicos gerados à época da sua exploração pelas metrópoles. A nova configuração social forçou a convivência com os diferentes, ampliando o contato entre culturas distintas.

Bhabha (1998) atribui o surgimento do multiculturalismo ao embate de grupos no interior de sociedades cujos processos históricos foram marcados pela presença e pelo confronto de povos culturalmente diferentes. Esses povos, submetidos a um tipo de poder centralizado, tiveram de viver a contingência de, juntos, construírem uma nação moderna. Sob os auspícios da homogeneização cultural do grupo dominante, os grupos **subalternizados** viram nos movimentos reivindicatórios uma alternativa de manifestação de voz e representatividade de fato.

Nos Estados Unidos, em especial, o multiculturalismo surgiu como um movimento educacional de reivindicação dos grupos culturais subordinados contra o currículo universitário tradicional e a política de segregação das escolas, que marcou os anos 1960 com violentos conflitos étnicos. O currículo da escola americana de então, compreendido como a cultura comum, dada a ausência das vozes reprimidas, consistia, na verdade, na expressão do privilégio da cultura branca, europeia, heterossexual, masculina e patriarcal, isto é, uma cultura bem particular.

> "Foi nesse contexto que a força propositiva de grupos segregados, e de professores e de estudantes que questionavam a estrutura social injusta e o monopólio do saber por alguns, levou à formulação de políticas multiculturais" (GONÇALVES; SILVA, 2003, p. 115).

Já no Brasil, os movimentos de integração da população negra à sociedade de classes remontam ao início do século XX, mas somente entre os anos 1970 e 1980, diversos movimentos, além de exigirem acesso a direitos iguais, apontavam para a necessidade de se produzir imagens e significados novos e próprios, combatendo os preconceitos e estereótipos. Todavia, foi apenas no fim dos anos 1990 que o multiculturalismo adentrou o espaço educacional.

Nas duas últimas décadas, o termo multiculturalismo passou a constar de inúmeros documentos e discursos, padecendo diante de constantes ressignificações. Hall (2003) sinaliza para os riscos de sua utilização universal e adverte que tamanha ex-

---

Subalternizado: termo que empregamos aqui, assim como os termos "subordinado", "marginalizado" ou "oprimido", como referência às pessoas ou grupos que experimentam a posição (temporária ou não) de diferentes, desiguais, desconectados ou excluídos; em suma, todos aqueles que enfrentam desvantagens sociais, porém o discurso dominante acaba responsabilizando-os por sua condição (GARCÍA CANCLINI, 2009).

pansão tornou-o um significante oscilante. É o que leva Kincheloe e Steinberg (1999) a dispararem que multiculturalismo pode significar tudo e, ao mesmo tempo, nada. Pode abranger desde a luta dos diversos grupos culturais em busca de reconhecimento social até dar a sensação de apagamento das diferenças por conta de seu aspecto multi. Silva (2001) postula que, tal como ocorre com a cultura contemporânea, o multiculturalismo é fundamentalmente ambíguo.

Por um lado, é um movimento legítimo de reivindicação dos grupos culturais subjugados para terem suas formas culturais reconhecidas e representadas no espaço público e, por outro, pode ser visto como uma solução para os "problemas" trazidos para a cultura dominante, pela presença de distintos grupos étnicos no interior das nações que se consideravam monoculturais. De uma forma ou outra, o multiculturalismo não se separa das relações de poder que, antes de tudo, obrigaram diferentes culturas a viverem no mesmo espaço ou tomarem contato por meio da compressão espaço-tempo. Seja qual for seu sentido, o multiculturalismo nutre o atual momento histórico com intensas mudanças e conflitos culturais e marca a presença da complexa diversidade cultural decorrente das diferenças relativas à multiplicidade de matizes que caracterizam os grupos que coabitam o cenário contemporâneo. O multiculturalismo, em suma, pode ser visto como uma política inescapável à sociedade multicultural de hoje.

Inversamente ao que ocorreu com os Estudos Culturais, Candau (2008, p. 18) enfatiza que o multiculturalismo não é um produto acadêmico. "São as lutas dos grupos sociais discriminados e excluídos, dos movimentos sociais [...], que constituem o locus de produção do multiculturalismo". Mediante uma concepção descritiva, a autora afirma que a configuração de cada sociedade depende de seu contexto histórico, político e sociocultural. A descrição tenciona reconhecer diferentes regiões, comunidades, grupos, instituições, escolas, gerando elementos para análise e compreensão da constituição de cada contexto específico. Por outro lado, numa concepção propositiva, o multiculturalismo deixa de ser apenas a análise da realidade construída e passa a ser visto como um modo de agir na dinâmica social.

Trata-se de um projeto político-cultural, de um modo de se trabalhar as relações culturais numa determinada sociedade, de conceber políticas públicas na perspectiva da radicalização da democracia, assim como de construir estratégias pedagógicas nesta perspectiva. (CANDAU, 2008, p. 20).

Nas diversas classificações existentes do multiculturalismo, independentemente dos adjetivos que o acompanhem, ficam evidentes três projetos políticos de atuação: conservador, assimilacionista e intercultural ou crítico. No primeiro, mediante uma forte conotação segregacionista, reforça-se o reconhecimento das diferenças e afirma-se a necessidade de uma identidade pura. Os diferentes grupos devem manter sua matriz cultural e possuir espaços próprios para garantir sua liberdade de expressão e a continuidade de suas tradições. Essa visão essencialista e estática de identidade cultural privilegia a formação de grupos homogêneos que se instalam nos mais variados recantos sociais, desde as escolas até os condomínios residenciais, passando por agremiações, partidos políticos e empresas. Na prática, consolida-se uma forma de segregação social, pois alguns grupos possuem poder para alocar os outros em espaços desfavoráveis, reiterando posturas de preconceito e superioridade para com os afastados. Emergem daí o extremismo odioso e o fechamento de fronteiras realizado por grupos fundamentalistas.

Para o projeto político assimilacionista, é clara a ideia de que os grupos desprivilegiados nas relações sociais não dispõem da mesma oportunidade de acesso a determinados bens e serviços e, ainda, sofrem discriminações. Procurando escapar das prováveis consequências e promover uma convivência amistosa entre os diferentes, a política de assimilação promove ações visando incorporar todos à cultura hegemônica. As causas que geram desigualdades e preconceitos permanecem intocadas, pois os grupos dominantes continuam determinando o modo de ver as coisas. Ou seja, combate-se a desigualdade com a homogeneização. Na visão de McLaren:

> [...] o discurso da diversidade e da inclusão é, muitas vezes, predicado com afirmações dissimuladas de assimilação e consenso, que servem como apoio aos modelos democráticos neoliberais de identidade. (McLAREN, 2000, p. 18).

O multiculturalismo é ainda influenciado por um terceiro projeto político, o intercultural ou crítico (CANDAU, 2008). Nele, a cultura é concebida como espaço de conflito, de permanente construção e negociação de sentidos. A diferença não fica isolada em sua matriz, tampouco se afirma uma identidade homogênea baseada no princípio da universalidade. O multiculturalismo crítico trata de um locus teórico e prático, que busca compreender as razões da opressão, construção das desigualdades, diferenças e estereótipos. Apresenta o diálogo e o

hibridismo entre as culturas como formas de rompimento com o projeto iluminista da educação moderna, em que o preconceito e a discriminação cultural aparecem como condição inescapável do mundo social (MOREIRA, 2001).

Para o multiculturalismo crítico, a sociedade é permeada por intensos processos de hibridização cultural, o que supõe a não existência de uma cultura pura, nem tampouco de uma cultura melhor que mereça assumir para si um caráter universal. As relações culturais são construídas nas e pelas relações de poder, marcadas por hierarquias e fronteiras em contextos históricos e sociais específicos, gerando a diferença, a desigualdade e o preconceito. O multiculturalismo crítico, corrobora Silva (2001), enfatiza os processos institucionais, econômicos e estruturais que estariam na base de produção dos processos de discriminação e desigualdade baseados na diferença cultural.

> *O multiculturalismo crítico corresponde a uma perspectiva emancipatória que envolve, além do reconhecimento da diversidade e das diferenças culturais, a análise e o desafio das relações de poder sempre implicadas em situações em que culturas distintas coexistem no mesmo espaço. (MOREIRA; CANDAU, 2003, p. 161).*

Nessa vertente, o multiculturalismo faz lembrar que a igualdade não pode ser obtida simplesmente por meio do acesso ao currículo hegemônico, conforme solicitam as reivindicações educacionais de cunho neoliberal. A obtenção da igualdade depende de uma modificação substancial do currículo existente. Caso não sejam encaminhadas situações didáticas que permitam refletir sobre as formas pelas quais a diferença é produzida por relações sociais assimétricas, dificilmente formar-se-ão identidades democráticas.

> *No campo do currículo, [o multiculturalismo crítico] desconfia de discursos que se apresentam como meramente técnicos, buscando perceber neles vozes autorizadas e vozes silenciadas. Verifica em que medida esses discursos constroem imagens estereotipadas do negro, da mulher, do deficiente físico, daqueles grupos portadores de culturas, religiões e linguagens diferentes das dominantes. (CANEN, 2010, p. 179).*

Para que a justiça permeie o currículo, McLaren (2000) defende uma "pedagogia do dissenso", cujo objetivo é o diálogo entre posicionamentos de origens diversas, fazendo do professor um mediador na construção de relações interculturais positivas e ficando a seu cargo a promoção de situações didáticas

Hibridismo: combinação entre grupos e identidades que resulta em grupos e identidades renovados (SILVA, 2007).

Teorias críticas: são, na educação, as teorias que buscaram subsidiar-se nas categorias gerais do materialismo histórico-dialético – movimento, contradição, totalidade e historicidade – para compreender o fenômeno educativo e vão configurar-se com base nos movimentos de contestação que agitaram as estruturas sociais na década de 1960 em diversos lugares do mundo (SILVA, 2007). "Silva entende que em quase toda a literatura crítica moderna é possível encontrar o pressuposto de um sujeito com uma consciência unitária, homogênea, capaz de superar um estado de alienação submetido à dominação para alcançar um estado consciente, lúcido, crítico e, por conseguinte, livre e autônomo" (LOPES; MACEDO, 2010, p. 24). O currículo crítico, nos dizeres do autor, mais do que um conjunto de conteúdos listados para a aprendizagem dos alunos, é um percurso de estudos que permite questionar a organização curricular e social existentes, desenvolvendo conceitos que auxiliam na análise crítica da sociedade e dele mesmo. O currículo crítico tenciona denunciar os modelos reprodutores do sistema que mantém a estrutura social de forma injusta e que reforça as relações de dominação de um grupo sobre outro.

que viabilizem o contato e o convívio com a diferença, além da consciência dos mecanismos de poder que permeiam as relações culturais. Sem dúvida, esse é um grande desafio para os educadores da escola de hoje.

Se estamos numa época pós e multi, professora García Canclini (2009), o trabalho conceitual precisa aproveitar diferentes contribuições teóricas, debatendo suas intersecções. O encontro entre os Estudos Culturais e o multiculturalismo crítico visa compreender a formação de identidades culturais híbridas, contrapondo-se às visões congeladas a respeito das pessoas, grupos e práticas culturais. Uma ação didática atenta às diferenças e processos discriminatórios é um desafio a ser enfrentado por professores que acreditam na transformação da realidade social e escolar. Por meio da compreensão da multiplicidade de identidades culturais e das articulações entre diferentes culturas e sujeitos, vislumbramos possibilidades, buscando dentre inúmeras questões uma ressignificação do processo de construção e desenvolvimento curricular da Educação Física.

Se na contemporaneidade é latente a presença de processos de homogeneização cultural, também é visível a criação de espaços de resistência e luta. Se existe a tentativa da dominação e subordinação, da contenção e deslegitimação, da apropriação e expropriação, há também contestação, distorção e tradução. A escola, como espaço que transmite a herança cultural e reconstrói a cultura, não pode fazer distinção entre conhecimentos e preservar apenas a cultura de determinados grupos. O currículo deve fortalecer os setores excluídos para que se tornem aptos a participar de um processo democrático radical. Por exercer um papel decisivo na constituição das identidades, nas duas últimas décadas, o currículo foi para o centro do debate.

O acesso a determinados conhecimentos e não outros, fazendo uso de certas atividades e não outras, posiciona o estudante de uma determinada maneira diante das "coisas" do mundo, o que influencia fortemente a construção das suas representações.

Resultado de lutas travadas em meio a relações de poder tecidas no âmbito de contextos culturais e sociais, o debate curricular com seus atuais enfoques **crítico** e **pós-crítico**, pode-se dizer, tem passado despercebido pela maioria das instâncias responsáveis pela elaboração de propostas curriculares (escolas, setores administrativos, universidades, grupos privados etc.) e por algumas instituições responsáveis pela formação de professores, o que contribui para o choque entre o currículo proposto nas escolas de Educação Básica e a característica multicultural da comunidade escolar (NEIRA, 2009).

Os Estudos Culturais ensinam que o currículo não é um instrumento meramente técnico, neutro ou desvinculado da construção social. Enquanto projeto político que forma novas gerações, o currículo é pensado para garantir organização, controle, eficiência e regulação da sociedade. Como instrumento pedagógico, define formas e organiza conteúdos; os conhecimentos que se ensinam e se aprendem; as experiências desejadas para os estudantes etc. Dado seu teor regulatório e influente na produção de representações e identidades, o currículo constitui-se em importante estratégia de política cultural.

As escolhas do currículo, por exemplo, privilegiam certos temas em detrimento de outros, interpelando os sujeitos de uma forma ou outra (SILVA, 2007). O mesmo pode-se dizer de distintas formas de organização e desenvolvimento das atividades de ensino ou diferentes critérios utilizados na avaliação. Logo, mediante a inter-relação de saberes, identidade e poder, são promovidos conhecimentos e valores considerados adequados para as pessoas atuarem no mundo. É fato que, para concretizarem seus projetos de sociedade, aqueles que detêm o poder de decisão sobre o currículo escolhem, validam e legitimam conteúdos e atividades de ensino. Quando agregada ao debate curricular, a produção teórica dos Estudos Culturais questiona quem está autorizado a participar dessas decisões, a quais interesses servem os temas selecionados, o que é e o que não é considerado conhecimento válido ou importante para a formação das identidades e, por fim, qual identidade se pretende formar.

Como qualquer artefato cultural, o currículo forma pessoas como sujeitos particulares. Isso significa que o conhecimento nele transmitido não preexiste nos indivíduos (SILVA, 2008). O currículo é uma prática discursiva que transmite regimes de verdade, que se corporifica perante certas narrativas de cidadão e sociedade, influindo decisivamente na construção de sujeitos singulares.

Os Estudos Culturais convidam a compreender o currículo a partir da perspectiva de quem é sujeito do processo de formação. A preocupação quanto aos sujeitos que o currículo forma é decorrente destes tempos em que a presença da diversidade configura novas formas de comunicação entre comunidades e, portanto, de identidades. A identidade, como conceito, oferece recursos para entendermos a interação de nossa experiência

---

Teorias pós-críticas: teorias que reconhecem o pensamento crítico e nutrem-se dele. Por outro lado, questionam seus limites, suas imposições, suas fronteiras, pois entendem que, embora o pensamento crítico possa comunicar uma verdade sobre o objeto bastante aceita pela maioria das pessoas de uma determinada comunidade, ela é apenas uma das verdades. As teorias pós-críticas colocam em dúvida as noções de emancipação e libertação, tão caras à teoria crítica, por seus pressupostos essencialistas. O pensamento pós vai além. Ele possibilita a ampliação da investigação do objeto ao validar outras vozes e outros conhecimentos para explicá-lo. O termo pós expande as fronteiras da explicação. Em contraste com as teorias críticas, as teorias pós-críticas não limitam a análise do poder ao campo das relações econômicas do capitalismo. Com as teorias pós-críticas, o mapa de poder é ampliado para incluir processos de dominação centrados na etnia, no gênero e na sexualidade. Ou seja, o currículo pós-crítico apreende o pensamento crítico e, encontrando seus limites, trava diálogos promissores com outras explicações, arriscando-se a ultrapassar as fronteiras anteriores (SILVA, 2007).

subjetiva do mundo e as paisagens culturais em que as subjetividades se constroem. As identidades são produzidas nas relações entre os sujeitos e na interação entre diferentes culturas e, por não haver consenso, são sempre relações de poder, algumas mais visíveis que outras.

A questão da identidade tornou-se central no modo com que percebemos a contemporaneidade. Para Hall (2000), se é verdade que temos algum sentimento de pertencimento, ele não é predeterminado, sólido ou irrevogável. A identidade é constantemente deslocada para toda parte, ora por experiências confortáveis, ora por vivências perturbadoras.

A identidade é fruto de um processo discursivo, constituído em meio a circunstâncias históricas e experiências pessoais que levam o sujeito a diferentes identificações ou a assumirem determinadas posições que conduzem ou influenciam seus atos. As identidades se efetivam a partir do que se realiza e da repetição e reforço das descrições a respeito do que se faz. A identidade, portanto, se torna aquilo que é descrito. Por assim dizer, compreende-se a identidade como um conjunto de características pelas quais os grupos se definem como grupos e marcam, ao mesmo tempo, aquilo que eles não são.

O pertencimento também não é uma essência ou está garantido para sempre. O sentimento de pertença é transitório. De acordo com Hall (2000), as identidades são um ponto de apego temporário às posições de sujeito com que as práticas discursivas nos interpelam. Elas se transformam à medida que o sujeito percorre caminhos diversos, age e toma decisões diante de uma variedade de ideias e representações com as quais convive. Tanto a nossa identidade quanto a dos outros – a diferença – são construídas na e por meio da representação. É na estreita ligação entre identidade e representação que se localiza o jogo do poder cultural. O poder está inscrito na representação e é por meio dele que os diversos grupos sociais criam a própria identidade e impõem aos outros a diferença. Mediante a representação, travam-se lutas pela validação e negação de significados (SILVA, 2000a).

Em meio à diversidade cultural, é na inter-relação entre representação, identidade e poder que ganha ênfase a chamada política da diferença. "Há uma infinidade de processos históricos e situações de interação cotidiana em que marcar a diferença é o gesto básico de dignidade e o primeiro recurso para que a diferença continue a existir" (GARCÍA CANCLINI, 2009, p.

98). Nesse movimento social e político, os grupos sociais definem-se por meio de múltiplas dimensões (classe, raça, etnia, gênero, idade, profissão, religião, gostos e preferências diversas etc.), afirmando sua identidade e representação. Nas relações de poder entre os grupos são definidas as representações e identidades válidas. Por sua vez, aqueles desprovidos do poder de definir resistem à hegemonia das identidades dominantes e lutam pelo direito de se fazer representar ou controlar a construção e divulgação de sua representação.

Com base nos Estudos Culturais e no multiculturalismo crítico, a pedagogia se articula como ação social corporificada no currículo, visando à tomada de posição de seus sujeitos na luta por justiça e diminuição da desigualdade social. Ao projetar as identidades "adequadas" ao projeto social, as políticas educacionais organizam currículos que definem quais posições os sujeitos da educação devem assumir enquanto cidadãos (SILVA, 2008).

Dessa forma, fundamentando-se teoricamente nos Estudos Culturais e no multiculturalismo crítico, o currículo cultural da Educação Física rompe com a tradição da área ao potencializar o diálogo entre as diferenças por meio do encontro de variadas representações acerca dos temas da cultura corporal; proporcionar a aproximação, experimentação, análise crítica e valorização de diversas manifestações corporais; revelar-se como um espaço de reconhecimento da cultura corporal subordinada; problematizar os marcadores sociais ocultos nas práticas corporais; e confrontar o ponto de vista hegemônico e as várias resistências por meio da pedagogia do dissenso. Quando entra em ação, o currículo cultural se afasta do modus operandi tecnicista para abarcar outros princípios e procedimentos didáticos, sobre os quais discorreremos nas páginas a seguir devidamente ilustradas com excertos extraídos dos relatos de prática dos professores e professoras que colocaram em ação uma pedagogia que valorizou as diferenças.

SUGESTÕES DE LEITURA

GARCIA, R. L. Currículo emancipatório e multiculturalismo: reflexões de viagem. In: SILVA, T. T.; MOREIRA, A. F. B. (orgs.). **Territórios contestados.** Rio de Janeiro: Vozes, 2001. p. 114-143.

GARCÍA CANCLINI, N. **Culturas híbridas:** estratégias para entrar e sair da modernidade. São Paulo: EDUSP, 2008.

NEIRA, M. G. **Ensino de educação física.** São Paulo: Thomson Learning, 2007.

REFERÊNCIAS BIBLIOGRÁFICAS

ÂNGELO, F. N. P. A educação e a diversidade cultural. **Cadernos de Educação Indígena**, Barra dos Bugres, v.1, n. 1, p. 34-40, 2002.

BHABHA, H. **O local da cultura**. Belo Horizonte: Ed. UFMG, 1998.

BORSARI, J. R et al. **Educação física:** da pré-escola à universidade – planejamento, programas e conteúdos. São Paulo: EPU, 1980.

BRACHT, V. A constituição das teorias pedagógicas da educação física. **Cadernos Cedes,** ano 19, n. 48, p.69-88, 1999.

_____. **Educação física & ciência:** cenas de um casamento (in)feliz. Ijuí: Editora Unijuí, 2007.

CAMPOS, L. A. S. **Didática da educação física**. Jundiaí: Editora Fontoura, 2011.

CANDAU, V. M. Multiculturalismo e educação: desafios para a prática pedagógica. In: MOREIRA, A. F.; CANDAU, V. M. (orgs.) **Multiculturalismo**: diferenças culturais e práticas pedagógicas. Petrópolis: Vozes, 2008. p. 13-37.

CANEN, A. Sentidos e dilemas do multiculturalismo: desafios curriculares para o novo milênio. In: LOPES, A. C.; MACEDO, E. (orgs.) **Currículo**: debates contemporâneos. São Paulo: Cortez, 2010. p. 174-195.

CANEN, A.; OLIVEIRA, L. F. e ASSIS, M. D. P. Currículo: uma questão de cidadania. In: CANEN, A.; SANTOS, A. R. (orgs.) **Educação multicultural**: teoria e prática para professores e gestores em educação. Rio de Janeiro: Editora Ciência Moderna, 2009. p. 59-82.

CASTELLANI FILHO, L. **Educação física**: uma história que não se conta. Campinas: Papirus, 1988.

_____. Notas para uma agenda do esporte brasileiro. In: CÂMARA DOS DEPUTADOS (org.). **Desafios para o século XXI:** coletânea de textos da 1ª Conferência Nacional de Educação, Cultura e Desporto. Brasília: Coordenação de Publicações, 2001. p. 577-589.

CORAZZA, S. M. **O que quer um currículo?** Pesquisas pós--críticas em educação. Petrópolis: Vozes, 2001.

_____. Pesquisa-ensino: o "hífen" da ligação necessária na formação docente. **Araucárias - Revista do Mestrado em Edu-

cação da Facipal, Palmas, Paraná, v. 1, n. 1, p. 07-16, 2002.

_____. Diferença pura de um pós-currículo. In: LOPES, A. C.; MACEDO, E. (orgs.) **Currículo:** debates contemporâneos. São Paulo: Cortez, 2010. p. 103-114.

COSTA, M. V. Estudos Culturais: para além das fronteiras disciplinares. In: COSTA, M. V. (org.) **Estudos culturais em educação:** mídia, arquitetura, brinquedo, biologia, literatura, cinema... Porto Alegre: Editora da UFRGS, 2000. p. 13-36.

COSTA, M. V.; SILVEIRA, R. H.; SOMMER, L. H. Estudos culturais, educação e pedagogia. **Revista Brasileira de Educação**, n.23, p. 36-61, maio/jun./jul./ago. 2003.

DAOLIO, J. A Educação Física escolar como prática cultural: tensões e riscos. In: DAOLIO, J. (Coord.). **Educação Física escolar:** olhares a partir da cultura. Campinas: Autores Associados, 2010. p. 05-18.

DARIDO, S. C. **Educação Física na escola:** questões e reflexões. Rio de Janeiro: Guanabara Koogan, 2003.

FREIRE, J. B. **Educação de corpo inteiro.** São Paulo: Scipione, 1989.

GARCIA CANCLINI, N. **Diferentes, desiguais e desconectados.** Rio de Janeiro: Editora UFRJ, 2009.

GHIRALDELLI JR., P. **Educação Física Progressista:** A pedagogia crítico-social dos conteúdos e a Educação Física brasileira. São Paulo: Loyola, 1988.

GIROUX, H. Praticando Estudos Culturais nas Faculdades de Educação. In: SILVA, T. T. (org.) **Alienígenas na sala de aula:** uma introdução aos estudos culturais em educação. Rio de Janeiro: Vozes, 2008. p. 85-103.

GONÇALVES, L. A. O.; SILVA, P. B. G. Multiculturalismo e educação: o protesto de rua a propostas e políticas. **Educação e Pesquisa,** São Paulo, n.1, v.29, p. 109-123, jan./jun. 2003.

HALL, S. A centralidade da cultura: notas sobre as revoluções de nosso tempo. In: **Educação e Realidade.** Porto Alegre, v. 22, n. 2, p. 15-46, jul./dez. 1997.

_____. Quem precisa de identidade? In: SILVA, T. T. (org.) **Identidade e diferença:** a perspectiva dos Estudos Culturais. Petrópolis: Vozes, 2000. p. 103-133.

_____. **Da diáspora:** identidade e mediações culturais.

Belo Horizonte: UFMG; Brasília: Representação da Unesco no Brasil, 2003.

KINCHELOE, J. L.; STEINBERG, S. R. **Repensar el multiculturalismo.** Barcelona: Octaedro, 1999.

LOPES, A. C.; MACEDO, E. O pensamento curricular no Brasil. In: LOPES, A. C.; MACEDO, E. (orgs.) **Currículo:** debates contemporâneos. São Paulo: Cortez, 2010. p. 133-149.

MATTOS, M. G.; NEIRA, M. G. **Educação Física na adolescência:** construindo o conhecimento na escola. São Paulo: Phorte, 2000.

McLAREN, P. Construindo Los Olvidados na Era da Razão descrente. In: McLAREN, P. **Multiculturalismo revolucionário:** pedagogia do dissenso para novo milênio. Porto Alegre: Artmed, 2000.

MIZUKAMI, M. G. N. **Ensino:** as abordagens do processo. São Paulo: EPU, 1986.

MOREIRA, A. F. B. A recente produção científica sobre currículo e multiculturalismo no Brasil (1995-2000): avanços, desafios e tensões. **Revista Brasileira de Educação**, Rio de Janeiro, n. 18, p. 65-81, set./dez. 2001.

MOREIRA, A. F. B.; CANDAU, V. M. Educação escolar e cultura(s): construindo caminhos. In: **Revista Brasileira de Educação**, n.23, p.156-168, maio/jun./jul./ago., 2003.

MOREIRA, A. F. B.; SILVA, T. T. Sociologia e teoria crítica do currículo: uma introdução. In: MOREIRA, A. F. B.; SILVA, T. T. (orgs.) **Currículo, cultura e sociedade.** São Paulo: Cortez, 2005. p. 07-37.

NEIRA, M. G. Desvelando Frankensteins: interpretações dos currículos de Licenciatura em Educação Física. **Revista Brasileira de docência, ensino e pesquisa em Educação Física,** Cristalina, v.1., n. 1, p. 118-140, ago. 2009.

NEIRA, M. G.; NUNES, M. L. F. **Pedagogia da cultura corporal:** crítica e alternativas. São Paulo: Phorte, 2006.

_____. **Educação Física, currículo e cultura.** São Paulo: Phorte, 2009.

NELSON, C.; TREICHLER, P. A.; GROSSBERG, L. Estudos Culturais: uma introdução. In: SILVA, T.T. (org.) **Alienígenas**

na sala de aula: uma introdução aos estudos culturais em educação. Rio de Janeiro: Vozes, 2008. p. 07-38.

SAVIANI, D. **Escola e democracia.** Campinas: Autores Associados, 1992.

SILVA, T. T. Desconstruindo o construtivismo pedagógico. **Educação & Realidade,** Porto Alegre, v. 18, n. 02, p. 3-10, 1993.

_____. A produção social da identidade e da diferença. In: _____. (org.). **Identidade e diferença:** a perspectiva dos Estudos Culturais. Petrópolis: Vozes, 2000a. p. 73-102.

_____. **Teoria cultural da educação:** Um vocabulário crítico. Belo Horizonte: Autentica, 2000b.

_____. **Documentos de identidade:** uma introdução às teorias do currículo. Belo Horizonte: Autêntica, 2007.

_____. Os novos mapas culturais e o lugar do currículo numa paisagem pós-moderna. In: SILVA, T. T. (org.) **Alienígenas na sala de aula:** uma introdução aos estudos culturais em educação. Rio de Janeiro: Vozes, 2008. p. 184-202.

TANI, G. et al. **Educação Física escolar:** fundamentos de uma abordagem desenvolvimentista. São Paulo: EPU/Edusp, 1988.

WILLINSKY, J. Política educacional da identidade e do multiculturalismo. **Cadernos de Pesquisa,** São Paulo, n. 117, p. 29-52, nov. 2002.

2
O currículo cultural da Educação Física em ação

Compreendido como artefato, o currículo cultural da Educação Física é fruto dos discursos, não possui nenhuma propriedade essencial ou originária. Só existe como resultado de um processo de produção histórica, cultural e social (SILVA, 2007). Nenhum currículo é dotado de uma identidade prévia, original. Sua identidade é construída a partir dos aparatos discursivos e institucionais que o definem como tal.

> *Deriva daí que um currículo não pode, nem deve, ser tomado 'ao pé da letra', porque este 'ao pé...' não existe. O que existe é a equivocidade do querer-dizer de um currículo, fornecida por suas significações constantemente diferidas (CORAZZA, 2001, p. 12).*

Envolvido em um emaranhado de significados, o discurso não deixa de ser um fenômeno cultural. Pronunciar, enunciar, narrar, falar etc., trazem como consequência que aquele que diz (ou escreve) diga sempre mais do que pretendíamos que dissesse, faça mais do que deveria fazer, crie o que não tínhamos previsto.

A análise crítica dos currículos desenvolvimentista, psicomotor, esportivista e da educação para a saúde a partir da teorização crítica, denunciou que os conhecimentos e métodos neles corporificados carregam as marcas indeléveis das relações sociais em que foram forjados (NEIRA; NUNES, 2006). Cada qual ao seu modo, reproduz a estrutura de classes da sociedade capitalista. Funcionando como aparelhos ideológicos, esses currículos transmitem a ideologia dos grupos mais bem posicionados na escala econômica. Resumidamente, as teorias críticas denunciaram a reprodução da desigualdade pelo sistema educacional e suas consequências sobre os sujeitos da educação (SILVA, 2007).

A teorização crítica também afirmou a necessidade de uma reflexão mais profunda acerca do que ensinam os currículos, a quem pertencem os conhecimentos neles veiculados, quais identidades legitimam e quais negam. Segundo Silva (2000a), centrados no questionamento do papel que a escola, o currículo e a pedagogia exercem na produção de formas de dominação, com ênfase na dominação de classe, a teorização crítica alertou-nos sobre a ideologia embutida nas práticas curriculares e o papel determinante da escola na reprodução cultural e social.

Na década de 1990, esse debate alcançou o **campo** da Educação Física e fez emergir propostas que procuravam denunciar a desigualdade e promover a transformação social. Dentre as propostas mais conhecidas, destacam-se as produzidas por Soares et al. (1992) e Kunz (1991; 1994).

O currículo crítico proposto por Soares et al. (1992) sinaliza questões de poder, interesse e contestação. Os autores acreditam que qualquer consideração sobre a pedagogia mais apropriada deve versar não somente sobre questões de como ensinar, mas também sobre como elaboramos conhecimentos, valorizando a questão da contextualização dos fatos e do resgate histórico. Essa percepção é fundamental, na medida em que possibilita compreensão, por parte do aluno, de que a produção humana sobre a "cultura corporal" expressa uma determinada fase sócio-histórica e que houve mudanças ao longo do tempo.

Conforme seus autores, a Educação Física é entendida como uma disciplina que trata de um tipo de conhecimento denominado "cultura corporal" que tem como temas: o jogo, a ginástica, a dança, o esporte e a capoeira. Quanto à seleção de conteúdos, essa concepção propõe que sejam consideradas sua relevância social, sua contemporaneidade e sua adequação às características sociais e cognitivas dos alunos. Para a organização do currículo, ressal-

---

Concebemos o campo da Educação Física de forma semelhante ao campo curricular. Neste caso, o emprego do termo recupera de maneira especial a concepção de Bourdieu (1983). Para quem, um campo existe na medida em que não se consegue compreender uma obra sem conhecer a história do campo de produção. Quem dele participa tem um conjunto de interesses comuns, linguagem e cumplicidade objetiva e, por isso, o fato de intervir na luta contribui para a reprodução do jogo mediante a crença no valor deste jogo. Segundo o sociólogo francês, quem domina o capital acumulado, fundamento do poder ou da autoridade de um campo, tende a adotar estratégias de conservação, enquanto os mais desprovidos ou recém-chegados, preferem estratégias de subversão ou heresia.

ta que é preciso fazer o aluno confrontar os conhecimentos do senso comum com o conhecimento científico, para ampliar o seu acervo. Propõe, também, a simultaneidade na aprendizagem dos conteúdos, ou seja, os mesmos conteúdos devem ser trabalhados de maneira mais aprofundada ao longo da escolarização, sem a visão de pré-requisitos.

Essa perspectiva curricular da Educação Física é diagnóstica porque pretende ler os dados da realidade, interpretá-los e emitir um juízo de valor. Tal juízo depende da visão de quem julga. É judicativa porque julga os elementos da sociedade a partir de uma ética que representa os interesses de uma determinada classe social. É também considerada teleológica, pois busca uma direção, dependendo da perspectiva de classe de quem reflete. Sua reflexão é compreendida como sendo um projeto político-pedagógico. Político porque encaminha propostas de intervenção em determinada direção, e pedagógico no sentido de que possibilita uma reflexão sobre a ação dos seres humanos na realidade, explicitando suas determinações (SOARES et al., 1992).

A Educação Física escolar, para esses autores, tem sofrido a influência da escola capitalista, ao apresentar conteúdos e métodos que perpetuam e reproduzem a condição de classe. Essa crítica é visível ao questionar a forma pela qual os esportes têm sido ensinados na escola – como algo já estabelecido – e por se tratarem de manifestações corporais pouco abertas a modificações, dada a rigidez das normas e regras com a justificativa de serem adequadas a todos.

Todavia, a crítica à escola capitalista não ficaria limitada à análise marxista. Procurando transcender essa visão, Kunz (1991; 1994) elabora uma proposta pedagógica para a Educação Física fundamentada na teoria da ação comunicativa do filósofo crítico **Jurgen Harbermas**. Essa visão valoriza a compreensão crítica do mundo, da sociedade e de suas relações, sem a pretensão de transformar esses elementos por meio da escola. Assume a utopia que existe no processo de ensino e aprendizagem, limitado, entretanto, pelas condicionantes capitalistas e classistas, e se propõe a aumentar os graus de liberdade do raciocínio crítico e autônomo dos alunos. Do ponto de vista das orientações didáticas, afirma que o professor confronta, num primeiro momento, o aluno com a realidade do ensino.

Esse confronto expressa um processo de questionamento e libertação de condições limitantes e coercitivas impostas pelo sistema social. Esse mesmo sentido se expressa na contextualização

Jurgen Habermas: (1918-) sociólogo e filósofo alemão.

de temas compreendidos pela cultura corporal: jogo, dança, ginástica, esporte e capoeira. Kunz et al. (1998) propõem que esses elementos sejam ensinados por meio de uma sequência de estratégias, denominada "transcendência de limites", com as seguintes etapas: encenação, problematização, ampliação e reconstrução coletiva do conhecimento.

Kunz defende o ensino crítico, pois é a partir dele que os alunos passam a compreender a estrutura autoritária dos processos institucionalizados da sociedade, os mesmos que formam falsas convicções, interesses e desejos. Assim, a tarefa do currículo crítico da Educação Física é promover condições para que essas estruturas autoritárias sejam suspensas e o ensino, encaminhado para uma emancipação, possibilitada pelo uso da linguagem, que tem um papel importante no agir comunicativo.

Como se pode notar, as teorias críticas trouxeram enormes contribuições ao debate curricular da Educação Física. Tal debate recentemente foi revigorado pela aproximação da área com as teorias pós-críticas. As teorias pós-críticas ampliaram as análises das teorias críticas, fortaleceram a resistência aos ditames da sociedade classista e alertaram que as relações de poder operam também por meio de outros marcadores sociais: etnia, gênero, religião, tempo de escolarização, local de moradia etc. As teorias pós-críticas, afirma Silva (2000b), colocam em questão alguns dos pressupostos das teorias críticas, por exemplo, o conceito de ideologia, por seu comprometimento com noções realistas de verdade. Também se distancia da noção polarizada de poder e colocam em dúvida as noções de emancipação e libertação, por seus pressupostos essencialistas.

Inspirando-se na teorização pós-crítica, Silva (2007) aponta formas alternativas de conceber a educação e o sujeito social. Reafirma o ideal de uma sociedade que considere prioritário o cumprimento do direito que todos os seres humanos têm de ter uma vida digna, ou seja, de ter uma vida em que sejam plenamente satisfeitas suas necessidades vitais, sociais e históricas. Nesse cenário, sinaliza o autor, a educação está estreitamente vinculada à construção de uma sociedade em que riqueza, recursos materiais e simbólicos e condições adequadas, sejam mais bem distribuídos. A educação deve ser construída como um espaço público que promova essa possibilidade e como um local em que se forjem identidades sociais democráticas.

Um currículo de Educação Física comprometido com a perspectiva cultural, multicultural crítica ou pós-crítica, procura impedir a reprodução consciente ou inconsciente da ideologia dominante, presente, por exemplo, nas propostas que deixam de questionar as relações de poder que perpassam a produção e reprodução das manifestações corporais (NEIRA, 2009; NEIRA; NUNES, 2009). O currículo cultural tem como pressuposto básico a recorrência à política da diferença por meio da valorização das vozes daqueles que são quase sempre silenciados (GIROUX, 2008). Trata-se de um apelo para que se reconheça que nas escolas, assim como na sociedade, os significados são produzidos por experiências que precisam ser analisadas em seu sentido político--cultural mais amplo.

> *Se a cultura escolar é, em geral, construída marcada pela homogeneização e por um caráter monocultural, inviabilizamos as diferenças, tendemos a apagá-las, são todos alunos, são todos iguais. No entanto, a diferença é constitutiva da ação educativa. Está no 'chão', na base dos processos educativos, mas necessita ser identificada, revelada, valorizada. Trata-se de dilatar nossa capacidade de assumi--la e trabalhá-la (CANDAU, 2008, p. 25)*

Um currículo cultural da Educação Física prestigia, desde seu planejamento, procedimentos democráticos para a decisão dos temas que serão estudados e das atividades de ensino. Valoriza a reflexão crítica sobre práticas sociais da cultura corporal do universo vivencial dos alunos para, em seguida, aprofundá--las e ampliá-las mediante o diálogo com outras vozes e outras manifestações corporais (NEIRA, 2009). No currículo cultural, a experiência escolar é um terreno aberto ao debate, ao encontro de culturas e à confluência da diversidade de manifestações corporais dos variados grupos sociais. É um campo de disseminação de sentidos, de polissemia, de produção de identidades voltadas para a análise, interpretação, questionamento e diálogo entre e a partir das culturas.

O estudo de Canen e Oliveira (2002, p. 61) demonstrou que o currículo cultural "valoriza a diversidade e questiona a própria construção das diferenças e, por conseguinte, dos estereótipos e preconceitos contra aqueles percebidos como 'diferentes' no seio de sociedades desiguais e excludentes".

Os Estudos Culturais e o multiculturalismo crítico promovem as vozes dos professores, analisando criticamente as relações de poder entre as culturas e seus sujeitos, rompendo com o preconceito de ideias sobre as condutas e decisões dos alunos e comparações entre eles com suas culturas, com a hierarquização e dicotomização (global/local e científico/senso comum), valorizando as posturas reivindicatórias em oposição ao modelo neoliberal de formação da cidadania que exalta o consumidor; criticando a essencialização, o etnocentrismo e naturalização do currículo fundamentado pelo discurso tecnicista e o modelo de cultura universal, desafiando a formação de uma identidade única que não distingue a pluralidade de identidades e diferenças dos sujeitos e valorizando as lutas pela equidade educacional (MOREIRA, 2001; CANEN, 2000 e CANDAU, 2005).

O currículo cultural promove entrecruzamentos culturais e a superação de processos discriminatórios pela reflexão crítica e multicultural do professor. O que se espera é a organização e desenvolvimento de situações em que os alunos sejam convidados a refletir sobre a própria cultura corporal, o patrimônio disponível socialmente e a bagagem veiculada por outros grupos.

Nos dizeres de Mizukami (1986, p. 94), "a educação se dá, enquanto processo, em um contexto que deve necessariamente ser levado em consideração". A educação, segundo a autora, é uma pedagogia do conhecimento, e o diálogo, a garantia desse ato de conhecimento. Sendo assim, o currículo cultural deve comprometer constantemente os alunos com a problemática de suas situações existenciais. Evidentemente, isso implica a busca permanente pela explicitação das possibilidades e limites oriundos da realidade sócio-político-cultural e econômica enfrentada pelos cidadãos no seu cotidiano, que condiciona e determina a construção, permanência e transformação das manifestações da cultura corporal.

O currículo cultural da Educação Física tenciona posicionar os estudantes como sujeitos da transformação social e contribuir com a construção de uma sociedade mais democrática e justa. O currículo cultural prioriza a construção de práticas atentas à pluralidade de identidades dos alunos, assim como enxerga a escola como espaço-tempo multicultural de formação (CANDAU, 2003).

Consequentemente, a prática pedagógica deve articular-se ao contexto de vida comunitária; apresentar condições para que sejam experimentadas e interpretadas as formas como a cultura corporal é representada no cenário social; ressignificar as práticas corporais conforme as características do grupo; aprofundar os conhecimentos acerca do patrimônio cultural corporal e ampliar os saberes dos alunos a respeito das temáticas estudadas (NEIRA, 2010).

O currículo cultural da Educação Física pretende fazer "falar", por meio do estudo das manifestações corporais, a voz de várias culturas no tempo e no espaço, além de problematizar as relações de poder explícitas e implícitas. Nesse prisma, pode ser concebido como terreno de luta pela validação dos significados atribuídos às práticas corporais pelos diversos grupos, visando à ampliação ou conquista de espaços na sociedade.

Sob influência dos Estudos Culturais e do multiculturalismo crítico, o currículo cultural da Educação Física é concebido como espaço-tempo de encontro das culturas corporais, construção de identidades e diferenças, questões de discriminação e preconceitos étnicos, de gênero, orientação sexual, habilidade ou padrão corporal, entre outros; possibilita uma leitura dos grupos de pequena representação, hierarquizados pelos sistemas hegemônicos – econômico, político, social e cultural – diferenciados pelas suas atitudes e interesses; intenta identificar a opressão e a subalternização de culturas e sujeitos, erros históricos no processo de formação identitário dos negros, da mulher, dos homossexuais, dos pobres, dos deficientes e daqueles vistos como incapazes, molengas, fracos, lerdos etc. (CANEN, 2007; 2009; CANDAU, 2002; 2005).

O currículo cultural da Educação Física cumpre a função de expor as hipóteses ingênuas que normalmente permeiam as ressignificações sofridas por uma prática corporal qualquer. Se o que se pretende é formar cidadãos para uma sociedade menos desigual, como não debater as questões de gênero presentes na trajetória do futebol ou do voleibol? Ou as questões de classe e etnia presentes na trajetória do hip-hop e do rap? Como não indagar as questões de classe, gênero, cultura e etnia incrustadas no percurso histórico das ginásticas? Kincheloe e Steinberg (1999) alertam que a carência de atividades que proporcionem a análise dos artefatos existentes, fará persistir a cegueira cultural que impede o reconhecimento das relações sociais do mundo vivencial.

A pedagogia que caracteriza o currículo cultural dá visibilidade à gênese e ao desenvolvimento contextual das práticas corporais. As revelações preparam o ambiente para a desconstrução dos significados implícitos nos discursos que desqualificam certas manifestações pertencentes à cultura popular. Quando o processo de construção das expressões pejorativas dirigida à cultura corporal subjugada vem à tona, é possível tomar consciência de que certas danças, lutas, ginásticas, brincadeiras ou esportes são vistos a partir de estereótipos e das influências geradas pelas relações de poder. Comumente, o patrimônio pertencente aos grupos dominantes é exaltado enquanto as práticas oriundas dos grupos subordinados são desqualificadas. Apple (2003) explica que a desigualdade não é um simples preconceito ou fenômeno cultural, outrossim, baseia-se na forma pela qual certos grupos se localizam econômica e politicamente na sociedade.

Kincheloe e Steinberg (1999) recomendam que se desenterrem os conhecimentos subordinados, pois a história da subordinação foi propositadamente enterrada ou disfarçada. Seus conflitos e opressões foram perdidos sob uma estrutura teórica dominante; erradicada por uma triunfante história de ideias ou, talvez, seus conhecimentos tenham sido desqualificados e considerados primitivos, por não estarem à altura das definições dominantes do que se reconhece como científico, correto ou benéfico. As manifestações corporais dos culturalmente diferentes coincidem com este último significado, já que a cultura dominante os considerou estranhos, curiosos, indignos de lógica, primitivos, exóticos e subalternos.

Basta verificar que, dentre a imensa quantidade de jogos de tabuleiro existentes, em sua grande maioria pertencentes às culturas subordinadas, é o xadrez, com suas atribuições cognitivistas que ocupa um lugar de destaque no currículo escolar. Também é comum conferir significados pejorativos a algumas danças urbanas, certos esportes radicais, à farra do boi, rinha de galos ou determinados jogos de cartas que se encontram entre as manifestações corporais cujas histórias de disputas sociais foram "enterradas". O currículo cultural exorta a cultura dominante a interromper a supressão do papel do conflito na história e, para tanto, toma emprestada a genealogia arqueológica desenvolvida por Foucault (1981), para descrever o processo de recordar e incorporar as memórias dos conhecimentos subordinados, os conflitos vividos e as dimensões do poder que se revelam nas lutas atuais.

Mediante a especificação da natureza dos saberes e significados excluídos, o currículo cultural prepara os indivíduos para a luta estratégica entre o conhecimento subordinado e o conhecimento dominante. Este é o princípio que rege uma pedagogia da política e uma política da pedagogia (SILVA, 1996). Se a insurreição dos conhecimentos subordinados já existe entre os oprimidos, não cabe aos intelectuais da cultura dominante teorizar sobre tais saberes visando convertê-los em existência curricular. Não é o professor de Educação Física quem deve descrever e relatar as práticas corporais dos subordinados atribuindo-lhes, conforme lhe pareça, os significados para que os alunos os assimilem. O currículo cultural cria espaços e constrói as condições para que as vozes e as gestualidades subjugadas possam ser reconhecidas pelos estudantes.

A prática fundamentada na história do conhecimento subordinado começa pela denúncia das formas pelas quais as escolas se estruturam em torno de determinados silêncios e omissões. Uma observação atenta da arquitetura escolar permitirá constatar o silenciamento forçado de certas práticas corporais mediante a ausência total de espaços e condições para o desenvolvimento de manifestações para além das conhecidas brincadeiras, danças e modalidades esportivas dominantes. Quais escolas disponibilizam mais que uma quadra ou pátio para as aulas? Quais adquirem outros artefatos para além das bolas e redes? Como reagem os diversos sujeitos escolares quando o professor busca promover atividades de ensino na sala de aula, sala de vídeo, biblioteca, laboratório, sala de informática ou outros ambientes "menos convencionais"? Que empecilhos surgem quando o currículo quer contemplar a bocha, jogo de damas, maculelê, lutas, danças indígenas ou de origem africana?

Na perspectiva cultural, os docentes estabelecem vínculos com as comunidades marginalizadas a fim de incorporar o conhecimento subordinado; mas não com os elementos exitosos dessas comunidades tal como são definidos pela cultura dominante e, sim, com uma variedade de grupos e subgrupos que convivem no seu interior. A valorização dos saberes de representantes dos diversos grupos que habitam cada comunidade proporciona ao currículo escolar uma diversidade de tradições, particularidades históricas, práticas sociais e culturas, por vezes, desacreditadas pela tradição escolar (NEIRA; NUNES, 2009).

Os educadores que atuam inspirados pelos valores do currículo cultural reescrevem diariamente e durante as aulas uma nova prática pedagógica de cunho democrático. McLaren (1997) ensina que esta redação inovadora leva à inclusão dos conhecimentos das manifestações da cultura corporal dos grupos subordinados e a uma nova perspectiva dos olhares dos alunos sobre si próprios e sobre seu grupo, possibilitando uma prática em constante fluxo entre o local e o global, entre a comunidade e a sociedade mais ampla. No currículo cultural, os educadores mediam o processo e fazem com que os alunos percebam os hibridismos e mestiçagens, tornando-se, eles próprios, pesquisadores do cotidiano.

Para Garcia (2001), ao situar no currículo os conhecimentos que os alunos trazem quando entram na escola, o professor os reconhece como sujeitos que possuem saberes legítimos, sujeitos capazes, capacidade revelada e reconhecida no já sabido, e capacidade potencial para se apropriar de novos conhecimentos que a escola pode e deve oferecer. Com isso, tem-se não só a valorização identitária, como também a ampliação cultural e o reconhecimento das diferenças. Somente o diálogo cultural contribuirá para a construção do autoconceito positivo e do respeito ao outro, elementos indispensáveis a uma relação democrática.

Enfim, considerando que nas duas últimas décadas os modelos curriculares fechados têm sido acusados de assumirem um papel preponderante na reestruturação da sociedade por meio de critérios baseados no funcionamento do mercado, visando produzir resultados educacionais ajustados às demandas e especificações empresariais (SILVA, 2008), e diante da tentativa de transformar a realidade social brasileira, toda proposta que desestabilize a lógica dominante é bem-vinda.

SUGESTÕES DE LEITURA

McLAREN, P. **A vida nas escolas:** uma introdução à pedagogia crítica nos fundamentos da educação. Porto Alegre: Artmed, 1997.

NEIRA, M. G. A cultura corporal popular como conteúdo do currículo multicultural da Educação Física. **Pensar a Prática**, Goiânia, v. 11, n. 1, p. 81-90, jan./mar. 2008.

NUNES, M. L. F.; RUBIO, K. O(s) currículo(s) da educação física e a constituição da identidade de seus sujeitos. **Currículo sem Fronteira**s, v. 8, n. 2, p. 55-77, jul./dez. 2008.

REFERÊNCIAS BIBLIOGRÁFICAS

APPLE, M. W. **Educando à direita**: mercado, padrões, Deus e desigualdade. São Paulo: Cortez, 2003.

BOURDIEU, P. **Questões de sociologia**. Rio de Janeiro: Marco Zero, 1983.

CANDAU, V. M. Sociedade, cotidiano escolar e cultura(s). **Educ. Soc.**, v. 23, n. 79, p. 125-161, 2002.

_____. Formação continuada de professores: tendências atuais. In: MIZUKAMI, M. G.; REALI, A. M. (orgs.). **Formação de professores:** tendências atuais. São Carlos: Editora da UFSCar, 2003. p. 140-152.

_____. Sociedade multicultural: tensões e desafios. In: CANDAU, V. M. (org.). **Cultura(s) e educação**: entre o crítico e o pós--crítico. Rio de Janeiro: DP&A, 2005. p. 13-37.

_____. Multiculturalismo e educação: desafios para a prática pedagógica. In: MOREIRA, A. F.; CANDAU, V. M. (orgs.). **Multiculturalismo**: diferenças culturais e práticas pedagógicas. Petrópolis: Vozes, 2008. p. 13-37.

CANEN, A. Educação multicultural, identidade nacional e pluralidade cultural: tensões e implicações curriculares. **Cadernos de Pesquisa**. São Paulo, n. 111, p. 135-149, 2000.

_____. O multiculturalismo e seus dilemas: implicações na educação. **Comunicação e Política**. v. 25, n. 02, p. 91-107, 2007.

_____. Avaliação da aprendizagem. In: CANEN, A.; SANTOS, A. R. (orgs.) E**ducação multicultural**: teoria e prática para professores e gestores em educação. Rio de Janeiro: Editora Ciência Moderna, 2009. p. 41-58.

CANEN, A.; OLIVEIRA, A. M. A. Multiculturalismo e currículo em ação: um estudo de caso. **Revista Brasileira de Educação**. n. 21, p. 61-74, 2002.

CORAZZA, S. M. **O que quer um currículo?** Pesquisas pós-críticas em educação. Petrópolis: Vozes, 2001.

FOUCAULT, M. **As palavras e as coisas**. São Paulo: Martins Fontes, 1981.

GARCIA, R. L. Currículo emancipatório e multiculturalismo: reflexões de viagem. In: SILVA, T. T.; MOREIRA, A. F. B. (orgs.) **Territórios contestados**. Rio de Janeiro: Vozes, 2001. p. 114-143.

GIROUX, H. Praticando estudos culturais nas faculdades de educação. In: SILVA, T. T. (org.) **Alienígenas na sala de aula:** uma introdução aos estudos culturais em educação. Rio de Janeiro: Vozes, 2008. p. 85-103.

KINCHELOE, J. L.; STEINBERG, S. R. **Repensar el multiculturalismo**. Barcelona: Octaedro, 1999.

KUNZ, E. **Educação física:** ensino & mudanças. Ijuí: Unijuí, 1991.

_____. **Transformação didático-pedagógica do esporte**. Ijuí: Unijuí, 1994.

KUNZ, E. et al. **Didática da educação física I**. Ijuí: Unijuí, 1998.

McLAREN, P. **Multiculturalismo crítico**. São Paulo: Cortez, 1997.

MIZUKAMI, M. G. N. **Ensino:** as abordagens do processo. São Paulo: EPU, 1986.

MOREIRA, A. F. B. A recente produção científica sobre currículo e multiculturalismo no Brasil (1995-2000): avanços, desafios e tensões. **Revista Brasileira de Educação,** Rio de Janeiro, n. 18, set./dez. p. 65-81, 2001.

NEIRA, M. G. O ensino da Educação Física na Educação Básica: o currículo na perspectiva cultural. In: MOREIRA, E. C. (org.). **Educação física escolar:** desafios e propostas. 2ª Edição. Jundiaí: Fontoura, 2009b.

_____. Análises das representações dos professores sobre o currículo cultural da Educação Física. **Interface** (Botucatu), v. 14, n. 35, p. 783-795, dez. 2010.

NEIRA, M. G.; NUNES, M. L. F. **Pedagogia da cultura corporal:** crítica e alternativas. São Paulo: Phorte, 2006.

_____. **Educação Física, currículo e cultura.** São Paulo: Phorte, 2009.

SILVA, T. T. **Identidades terminais**: as transformações na política da pedagogia e na pedagogia da política. Petrópolis: Vozes, 1996.

_____. A produção social da identidade e da diferença. In: _____. (org.). **Identidade e diferença:** a perspectiva dos estudos culturais. Petrópolis: Vozes, 2000a. p. 73-102.

_____. **Teoria cultural da educação:** Um vocabulário crítico. Belo Horizonte: Autêntica, 2000b.

_____. **Documentos de identidade:** uma introdução às teorias do currículo. Belo Horizonte: Autêntica, 2007.

_____. Os novos mapas culturais e o lugar do currículo numa paisagem pós-moderna. In: SILVA, T. T. (org.) **Alienígenas na sala de aula:** uma introdução aos estudos culturais em educação. Rio de Janeiro: Vozes, 2008. p. 184-202.

SOARES, C. L. et al. C. N. Z. **Metodologia do ensino de educação física.** São Paulo: Cortez, 1992.

3
O reconhecimento da cultura corporal da comunidade

O currículo cultural, na visão de Candau (2008), requer a implementação de atividades de ensino que levem os estudantes a perceber a construção da própria identidade cultural, relacionando-a com seus processos socioculturais constituintes e apontando o risco da perpetuação de uma visão homogeneizadora e estereotipada pelos próprios sujeitos. A escola deve promover o entendimento dos enraizamentos culturais, bem como dos processos de negação e silenciamento de determinados pertencimentos, a fim de reconhecê-los e trabalhá-los no âmbito curricular. Somente assim, acredita a autora, é possível valorizar as diferentes características das raízes culturais das famílias de cada um, do próprio contexto de vida, do bairro etc.

Com o intuito de valorizar as raízes culturais da comunidade na qual a escola está inserida, as manifestações corporais dos grupos de origem e pertencimento dos alunos transformam-se em temas de estudo. Nos dizeres de Kincheloe e Steinberg (1999), o que se está a fazer é prestigiar no currículo, também, a cultura dos grupos subordinados. Os autores não querem, com isso, marcar fronteiras a fim de garantir a pureza da cultura de origem ou dos modos de identificação com os quais as manifestações interpelam seus sujeitos.

Reconhecer o patrimônio corporal dos alunos significa desenvolver uma prática pedagógica em profunda sintonia com a cultura de chegada, comumente vista como subordinada pela cultura dominante (GIROUX; SIMON, 2005).

RELATO 01

Como ponto de partida das ações didáticas, julguei necessário conhecer as práticas sociais pertences à comunidade, para que, partindo dos dados obtidos, pudesse elaborar as ações didáticas sobre a manifestação que seria contemplada nas aulas. A fim de coletar mais informações a respeito das práticas que os alunos realizavam nos momentos extraescolares, visitei o bairro da escola no final de semana, o que possibilitou notar crianças e jovens realizando brincadeiras de pega, brincando com bicicletas, basquete na rua, atividades no parquinho do bairro (balanças, escorregador e bolas na areia).

RELATO 13

Nas primeiras semanas do ano letivo de 2010, propus a elaboração de mapas que caracterizassem todas as práticas corporais constatadas no percurso que os alunos realizam de casa até a escola. Tendo por objetivo identificar o patrimônio cultural corporal disponível nas circunvizinhanças da escola, a atividade consistiu em observar as manifestações corporais (ou os ambientes em que elas acontecem) durante o período de uma semana e realizar o registro com bastante cuidado, indicando as brincadeiras, lutas, danças, ginásticas e esportes verificados, seus praticantes e, se possível, algumas de suas características. No primeiro final de semana, também fiz meu próprio mapeamento, utilizando uma máquina fotográfica para registrar minhas descobertas.

> **RELATO 06**
>
> Durante a primeira semana de aulas, em uma das turmas, os alunos e as alunas me questionavam quando iríamos para a quadra para "brincar" e eu respondi que, naquele momento, nós devíamos saber o que estudaríamos. Essa semana consistiu em engendrar uma breve discussão acerca das brincadeiras que eles e elas conheciam e/ou que já tinham vivenciado, tanto nos espaços fora da escola que costumam frequentar ou na própria escola, em séries anteriores.

> **RELATO 03**
>
> Ao chegar à instituição de ensino e preparar as aulas, alocadas nos últimos horários do turno, pude apreciar as práticas dos alunos em momentos fora da sala de aula, como o intervalo do lanche e alguns momentos durante troca de aulas. Comecei a observar, nesses momentos, que alguns grupos ouviam uma música no celular e dançavam. Identifiquei, indagando por meio de conversas, que se tratava de música eletrônica, o psy. Conversei com a turma e verifiquei que a dança não foi uma manifestação corporal inserida no currículo da disciplina nos anos anteriores, o trabalho desenvolvido até o momento priorizava o esporte. A dança só estava presente nos momentos comemorativos da escola.

> **RELATO 05**
>
> Tomando como base as observações realizadas no ano anterior, nas quais percebi que alunos e a comunidade tinham as danças como um momento de lazer e diversão, escolhi as danças como manifestações corporais a serem estudadas nas aulas de Educação Física.

> **RELATO 09**
>
> Com a intenção de conhecer o repertório da cultura corporal dos alunos, e a fim de que pudesse definir a temática a ser estudada, perguntei quais eram as manifestações que conheciam e que vivenciavam. O grupo levou um tempo para ficar à vontade e arriscar algumas respostas. Essa atitude se justifica já que a sua opinião nem sempre tem sido solicitada e valorizada. Ao analisar as respostas obtidas e os olhares interrogativos, julguei ser necessário esclarecer os conceitos de cultura e manifestação corporal. Tendo compreendido a questão, passei a registrar as respostas no flip chart. Pude constatar que a vivência com a bicicleta apareceu com bastante frequência, o que me levou a inferir que estudar essa manifestação faria sentido. A manifestação cultural andar de bicicleta seria, portanto, o tema abordado naquele período letivo.

Além do trabalho a partir do patrimônio cultural corporal comunitário, é fundamental adotar uma postura investigativa no decorrer da ação didática, possibilitando o reconhecimento dos discursos que atravessam as raízes culturais e a forma com a qual as práticas da cultura corporal são mencionadas.

> **RELATO 08**
>
> Nesse momento propus que, de forma coletiva, os alunos completassem a frase: Luta é... Para organizar essa ação, fixei outra folha de papel pardo na lousa e convidei os alunos a participar da atividade. Os alunos participaram com entusiasmo e foram completando a frase e formando uma enorme lista com os mais variados adjetivos: fazer pagar pelo que fez, defesa pessoal, descontar a raiva, provocação, violência, agressividade, muito louco, perigosa, legal, divertida, dolorida, desestressante, selvagem, batalha, morte, sangue, briga, UTI, raiva, Bruce Lee, inimigos, masculina, esporte.

> **RELATO 04**
>
> Tentando socializar as respostas tanto na folha de sulfite, como nas vozes daqueles que não escreveram, fui à lousa e comecei a escrever e reconhecer os conhecimentos que as crianças possuíam sobre as lutas. Solicitei-lhes que escrevessem as ideias dos colegas na mesma folha de sulfite que levaram para casa.

Observa-se que a tematização das práticas corporais dos grupos subordinados integra-se ao currículo de duas maneiras. Em primeiro lugar, como já foi dito, por meio de uma concepção articulada ao projeto pedagógico da instituição. Outra possibilidade é a configuração como tema central para um projeto específico do currículo da Educação Física. Em ambos os casos, a prática pedagógica busca o reconhecimento dos aspectos identitários da manifestação investigada e radicaliza a crítica social e cultural desses artefatos com base na perspectiva dos Estudos Culturais e do multiculturalismo crítico.

Em obra anterior (NEIRA, 2007) alertamos que as propostas curriculares da Educação Física psicobiologicamente fundadas desconsideram os conhecimentos produzidos em parte ou totalmente pelos grupos subordinados. Na trajetória curricular do componente não se verifica qualquer interesse com a prática ou o estudo das manifestações corporais oriundas dos grupos desfavorecidos. O absoluto predomínio dos produtos culturais euroamericanos, brancos, cristãos e heterossexuais colabora para a formação de identidades superiores para os alunos que percorrem esses currículos com relativo sucesso, e a perpetuação das condições de marginalizados para aqueles que reagem ao patrimônio imposto, nele fracassando, em virtude de pouco ou nenhum traço identitário.

> **RELATO 10**
>
> No início do processo de tematização da capoeira convidei os alunos e alunas a relatarem ou expressarem corporalmente seus conhecimentos sobre essa manifestação corporal brasileira. Em grupos, combinaram suas ações e, seguindo uma agenda de apresentações organizada pelos estudantes, cada grupo expôs suas vivências para a turma.

> **RELATO 02**
>
> Como a Márcia demonstrava conhecer o assunto em pauta, solicitei que prosseguisse com as explicações. Ela contou que praticava em um Instituto de yoga no bairro de Vila Madalena, chamado Surya, que depois vim a saber que é muito conceituado, antigo e com muita tradição. Lá ela aprendia a cultura indiana, a tradição do yoga, posturas, respirações e meditação.

Para incluir os saberes subordinados no currículo, à ação docente multiculturalmente orientada, cabe, entre outros elementos, destacar como os sentidos atribuídos à prática corporal foram produzidos, questionando os códigos e os artifícios pelos quais se apresenta ou é representada. Nos dizeres de Candau (2008, p. 28), isso significa "identificar nossas representações dos 'outros.'" As relações entre as nossas práticas culturais e as dos outros estão carregadas de estereótipos e ambiguidades. Numa sociedade em que a consciência das diferenças se faz cada vez mais forte, é primordial que professores e alunos questionem como algumas manifestações culturais corporais se tornaram legítimas, enquanto outras não.

É o que acontece quando se tematizam as danças eletrônicas e, na sequência, discute-se o seu surgimento e os mecanismos de deturpação que as atingem; quando se aborda a cultura hip-hop como forma de expressão do povo da periferia; quando se problematiza a representação hegemônica do esporte enquanto prática restrita aos jovens; ou se discute a construção estereotipada das questões de gênero que envolvem as lutas.

Nesses casos, as atividades de ensino procuram desfetichizar as representações distorcidas acerca das práticas corporais e dos seus praticantes que costumeiramente surgem no início dos trabalhos. Não são raros os casos de rejeição a determinadas brincadeiras, danças, lutas, ginástica ou esportes em virtude dos seus marcadores de gênero, etnia, classe social, lugar geográfico etc. No currículo cultural da Educação Física os estudantes são levados a refletir sobre as práticas corporais produzidas pelos distintos grupos que compõem a sociedade e os significados que lhes são atribuídos, por eles próprios ou pela cultura hegemônica.

Desfetichizar: expor, escancarar os mecanismos de ocultação que produzem o fetiche (SILVA, 2003). Na análise marxiana o fetichismo da mercadoria é a tendência a tomar como sendo "coisas" as relações sociais que a produziram

A multiplicidade das vozes no currículo não só permite descobrir novas dimensões de muitas experiências, como também revela outras formas de ver a cultura corporal dominante. Em virtude do longo tempo de permanência num estado de opressão e esquecimento, a possibilidade de reconhecer as manifestações corporais dos grupos subordinados pode sinalizar um novo caminho para definições mais complexas da teoria social e da autoridade ética.

Os grupos oprimidos, geralmente, adquirem conhecimentos singulares sobre as forças que movem a história (KINCHELOE; STEINBERG, 1999). Na lógica do multiculturalismo crítico, os subalternizados compreendem a cultura dos opressores muito melhor que os próprios opressores.

As percepções subordinadas alteram substancialmente o que vinha sendo denominado por conteúdos da Educação Física, em função do campo de recontextualização pedagógica. Para Bernstein (1996), é aquele espaço que gera os enquadramentos, as possibilidades da própria teoria, da investigação sobre educação e das práticas educativas. É o território em que os docentes, gozando de autonomia, recontextualizam textos culturais considerados ilegítimos, opostos, que proporcionam ambientes contra-hegemônicos da produção de discursos.

Cortesão e Stoer (2008) consideram o campo de recontextualização pedagógica crucial para que os professores possam fazer a "gestão da diversidade". Sua existência faz com que seja possível a apropriação, a relocalização e a refocalização de conhecimentos, bem como o estabelecimento de uma relação entre a escola e as culturas. É no âmbito da recontextualização pedagógica que o professor produz novos saberes no decurso da ação educativa.

Os docentes aprendem mais pelo diálogo com a cultura subordinada dos jovens amantes de hip-hop, danças eletrônicas e de muitas outras vozes marginais do que por meio de textos estereotipados e dissimulados, divulgados por sujeitos não pertencentes a essas culturas. Dessas vozes, adquirem o conhecimento necessário para iniciar um projeto educacional para os estudantes que, cotidianamente, exercem um poder de resistência. Parafraseando Kincheloe e Steinberg (1999), o conhecimento subordinado configura a base para a formação de agentes culturais que retiram do marasmo os sistemas econômicos, políticos e educativos comodamente instalados, apesar da indigna presença de desigualdades.

> **RELATO 14**
>
> O trabalho foi assessorado pela pesquisa e os alunos também tiveram essa oportunidade de perceber que aquela manifestação que fazia parte da sua cultura, da sua comunidade, surgiu em outra época, em outro contexto social, em outra situação política. Essa manifestação é uma forma de expressão de um determinado grupo que lutava por um determinado ideal. Foi possível a gente comparar isso também, fazer essas análises, entender porque que a gente, às vezes, enfrentava o preconceito. Às vezes, até por alguns professores aqui na escola, porque vindo de um grupo que sempre foi marginalizado, sempre foi visto como maloqueiro, como bandido, a gente tentou desconstruir um pouquinho essa ideia, fazendo essa pesquisa, esse estudo.

Apesar dos indícios de que o trabalho com a cultura corporal subalterna sensibiliza as comunidades escolares que acolhem o currículo cultural, Apple e Buras (2008) consideram ingenuidade pensar que a mera inclusão dos conhecimentos "de baixo" no currículo transformará as representações de sociedade que os estudantes construíram. Eles chamam a atenção para as contradições da subalternidade, o fenômeno da internalização do opressor e os riscos de problematizar o subalterno.

"Os grupos oprimidos já são vulneráveis e já são vistos com frequência como atrasados, responsáveis por seu próprio status subordinado e até culpados de 'discriminação reversa'" (APPLE; BURAS, 2008, p. 276). Se não for feito de forma cuidadosa, o trabalho pode voltar-se contra os professores, enfraquecendo laços coletivos dentro da comunidade e deixando os oprimidos mais susceptíveis a alegações de que somos todos oprimidos e opressores de um jeito ou de outro.

Para Willinsky (2002), apenas reconhecer as práticas corporais dos estudantes e incorporá-las ao currículo não é suficiente quando o que se pretende é uma ação curricular multicultural crítica, porque esse reconhecimento se apoia em categorias que são, em grande parte, elaboradas por quem está no poder e, por conseguinte, construídas à imagem dele.

Para que se evite o risco, é imprescindível que o processo pedagógico inclua leituras críticas da manifestação estudada, a fim de fazer emergir as representações para serem problematizadas. Às vezes, contudo, o processo não se dá a contento. A temática abordada pode não suscitar incômodos por encontrar-se alinhavada ao universo cultural de todos os alunos, diga-se de passagem, algo bem difícil de conceber. É possível também que não existam condições necessárias para a expressão de incômodos ou os incomodados simplesmente silenciam e não são percebidos.

Estar disposto a problematizar as representações distorcidas é algo raro. Decorre, talvez, de uma representação hegemônica da docência como capacidade para lidar com todas as questões que surgem na sala de aula. Nessas condições, o ambiente de ensino é visto como espaço privado de total responsabilidade do professor, a autoridade local.

Reconhecer o repertório cultural corporal e tematizá-lo no currículo tampouco é uma tarefa fácil. Torres Santomé (1998) e Candau (2005) nos recordam a existência de questões discriminatórias específicas que passarão despercebidas pela mera inclusão no currículo, sem fazer emergir pontos para questionamento, das práticas corporais com as quais os alunos se identificam.

Apoiados em Canen (2010), identificamos nesse procedimento alguns traços do multiculturalismo "reparador". O tom compensatório perceptível na ausência do combate aos preconceitos, ao invés de unir os estudantes à sua história, amplia ainda mais seu afastamento, em virtude da falta de discussões acerca das conexões das manifestações da cultura corporal com o passado (o que elas expressavam no seu contexto real de produção), o presente (a transformação sofrida ou imposta pela indústria cultural e pelas mudanças sociais), ou do necessário reconhecimento dos problemas enfrentados pelos grupos nos quais as práticas se originaram, reproduziram e hibridizaram.

Como destacam McLaren e Farahmandpur (2002), a ênfase pedagógica dada, muitas vezes, contribui para ocultar os modos de ser, pensar e agir desses grupos. O resultado só pode ser a desqualificação dos saberes dos oprimidos, impedindo-os de aprender mais sobre sua cultura e compreender suas condições de opressão.

Os Estudos Culturais e o multiculturalismo rejeitam veementemente as concepções que compreendem as culturas como algo fechado e que não entram em contato umas com as outras, tal como advoga o relativismo. Relativismo não é o oposto do universalismo (HALL, 2003). Universal é o oposto de particular. Hall explica que as culturas particulares se estabelecem por um sistema diferencial.

A negociação e a participação de qualquer reivindicação de uma cultura particular implica a aceitação do sistema de diferenças.

Retomando os ensinamentos da "Pedagogia do Oprimido" (FREIRE, 2005), é sempre útil recordar que não se trata de permanecer na cultura dos alunos, mas sim, reconhecer os saberes dela provenientes, favorecendo a sua ampliação mediante o entrecruzamento com o repertório disponível em outras culturas. Daí a importância de articular as ações didáticas da Educação Física que consideram o patrimônio cultural corporal da comunidade com os objetivos institucionais.

RELATO 01

Notei que precisaria conhecer o projeto da escola, a rotina dos alunos, o planejamento e planos de aulas, bem como as representações das próprias crianças. Isto posto, realizei na primeira semana do ano letivo algumas buscas que pudessem contribuir para a compreensão dessa nova experiência pedagógica. Após essa busca, verifiquei o Projeto Político-pedagógico da unidade escolar e constatei apenas duas referências a essa etapa da escolarização. Após verificar o PPP, analisei o documento que visa orientar a prática docente no município.

RELATO 05

A manifestação corporal foi escolhida a partir das discussões do Projeto Pedagógico da escola, que focou uma concepção de aluno como leitor e escritor do mundo e do desdobramento do Projeto Especial de Ação (PEA), que tinha como objetivo a aproximação entre a escola e a comunidade.

RELATO 11

No início de 2010, os professores, em horário coletivo após avaliação do ano de 2009, constataram que a falta de interesse pelo conhecimento e falta de respeito entre os atores da comunidade escolar eram as maiores problemáticas para o desenvolvimento das práticas pedagógicas. Sendo definido, para o Projeto de Ação Educativa, o trabalho dos seguintes temas: Respeito, Ética, Cidadania e Valorização do Conhecimento.

Concebendo o componente como partícipe da formação dos sujeitos pretendidos pela unidade escolar, sobretudo quando os objetivos educacionais são fruto de debates e decisões coletivas, o currículo cultural da Educação Física busca, no reconhecimento do patrimônio cultural corporal da comunidade, o elo de ligação com projeto pedagógico institucional.

RELATO 11

Atenta a esses temas, percebi que parte dos(as) alunos(as) frequentavam as aulas de Educação Física com a camisa do seu time de futebol preferido. A partir dessa observação, realizei uma pesquisa com duas turmas de 3º ano (7ª série) e quatro turmas do 4º ano (8ª série) do Fundamental II, perguntando para que time torciam. Surgindo como resposta: São Paulo Futebol Clube, Corinthians, Palmeiras, Santos e Flamengo, gerando grande interesse entre todos. A partir dessa constatação, considerei a manifestação corporal futebol pertinente para o desenvolvimento do projeto, articulando-o aos temas do projeto da unidade escolar. Iniciei uma roda de conversa com as turmas, anunciando o futebol como manifestação a ser estudada.

RELATO 05

A manifestação corporal foi escolhida a partir das discussões do Projeto Pedagógico da escola, que focou uma concepção de aluno como leitor e escritor do mundo e do desdobramento do Projeto Especial de Ação (PEA), que tinha como objetivo a aproximação entre a escola e a comunidade. Após essas decisões coletivas e tomando como base as observações realizadas no ano anterior, nas quais percebi que alunos e a comunidade tinham as danças como um momento de lazer e diversão, escolhi as danças como manifestações corporais a serem estudadas nas aulas de Educação Física.

Obviamente, não se trata de uma operação corriqueira. Além de possuir clareza sobre as intenções educativas da escola em que atua, o professor procura extrair, dentre o vasto repertório cultural corporal acessado pelos alunos, um tema cujo estudo se coadune com os objetivos institucionais. Adotada essa precaução, a temática abordada considera as decisões coletivas estabelecidas com a comunidade escolar.

O processo democrático de planejamento de ensino encontra ressonância na socialização ascendente defendida por Padilha (2002). Tomando como base as metas da escola elaboradas coletivamente, os objetivos específicos do componente e a cultura patrimonial dos alunos, os professores decidem quais manifestações corporais serão problematizadas no decorrer do período letivo.

Naquelas escolas que carecem de um debate democrático sobre o projeto pedagógico, o currículo cultural da Educação Física leva em conta os objetivos específicos do componente, descritos, por exemplo, nas orientações oficiais do sistema de ensino.

RELATO 03

Com a proximidade do fim do ano letivo e apresentação de encerramento das atividades escolares, propus aos alunos, orientada pelas expectativas de aprendizagem das Orientações Curriculares do Município, que elaborassem coletivamente e democraticamente uma apresentação para a escola.

RELATO 06

Nesse momento, revisitei o documento de Orientações Curriculares, a fim de selecionar as expectativas de aprendizagem que dialogavam com o projeto. Duas expectativas foram pensadas inicialmente: a) respeitar nas vivências e demais ações didáticas o direito de expressão dos colegas; b) organizar e executar formas de brincar que visem ao envolvimento coletivo.

> **RELATO 07**
>
> Em posse dos diferentes discursos, elaborei algumas expectativas de aprendizagem retiradas das Orientações Curriculares do Município: a) mediante as diversas vivências, compreender os processos de transformação ou inibição dessa forma de manifestação corporal; b) socializar, interpretar, ampliar e aprofundar os conhecimentos pertencentes à manifestação corporal denominada capoeira.

Como se pode observar, é fundamental que os professores não trabalhem às cegas, tampouco desenvolvam as ações didáticas por sua própria conta e risco. Na esperança de que a escola acompanhe a proposta do sistema, eles buscam apoio no documento que fornece orientações para a organização da prática pedagógica, o que não deixa de ser um sinal de preocupação com a execução coletiva da tarefa educacional.

SUGESTÕES DE LEITURA

LIMA, M. E.; NEIRA, M. G. O currículo da Educação Física como espaço de participação coletiva e reconhecimento da cultura corporal da comunidade. **Revista Iberoamericana de Educación**, Madrid, v. 51, n. 5, p. 01-10, 2010.

NEIRA, M. G.; NUNES, M. L. F. **Pedagogia da cultura corporal.** São Paulo: Phorte, 2006.

SILVA, T. T. **Documentos de identidade:** uma introdução às teorias do currículo. Belo Horizonte: Autêntica, 2007.

REFERÊNCIAS BIBLIOGRÁFICAS

APPLE, M. W.; BURAS, K. L. Respondendo ao conhecimento oficial. In: APPLE, M. W.; BURAS, K. L. et al. **Currículo, poder e lutas educacionais:** com a palavra, os subalternos. Porto Alegre: Artmed, 2008. p. 273-286.

BERNSTEIN, B. **A estruturação do discurso pedagógico.** Classe, códigos e controle. Petrópolis: Vozes, 1996.

CANDAU, V. M. Sociedade multicultural: tensões e desafios. In: CANDAU, V. M. (org.) **Cultura(s) e educação:** entre o crítico e o pós-crítico. Rio de Janeiro: DP&A, 2005. p.13-37.

_____. Multiculturalismo e educação: desafios para a prática pedagógica. In: MOREIRA, A F.; CANDAU, V.M. (orgs.) **Multiculturalismo:** diferenças culturais e práticas pedagógicas. Petrópolis: Vozes, 2008. p. 13-37.

CANEN, A. Sentidos e dilemas do multiculturalismo: desafios curriculares para o novo milênio. In: LOPES, A. C.; MACEDO, E. (orgs.) **Currículo:** debates contemporâneos. São Paulo: Cortez, 2010. p. 174-195.

CORTESÃO, L.; STOER, S. R. A interface de educação intercultural e a gestão de diversidade na sala de aula. In: GARCIA, R. L.; MOREIRA, A. F. B. (orgs.) **Currículo na contemporaneidade:** incertezas e desafios. São Paulo: Cortez, 2008. p. 189-208.

FREIRE, P. **Pedagogia do oprimido.** Rio de Janeiro: Paz e Terra, 2005.

GIROUX, H. e SIMON, R. Cultura popular e pedagogia crítica: a vida cotidiana como base para o conhecimento. In: MOREIRA, A. F. B.; SILVA, T. T. **Currículo, cultura e sociedade.** São Paulo: Cortez, 2005.

HALL, S. **Da diáspora:** identidade e mediações culturais. Belo Horizonte: UFMG; Brasília: Representação da Unesco no Brasil, 2003.

KINCHELOE, J. L.; STEINBERG, S. R. **Repensar el multiculturalismo.** Barcelona: Octaedro, 1999.

McLAREN, P.; FARAHMANDPUR, R. **Pedagogia revolucionária na globalização.** Rio de Janeiro: DP&A, 2002.

NEIRA, M. G. **Ensino de educação física.** São Paulo: Thomson Learning, 2007.

PADILHA, P. R. **Planejamento dialógico:** como construir o Projeto Político-pedagógico da escola. São Paulo: Cortez; Instituto Paulo Freire, 2002.

SILVA, T. T. **O currículo como fetiche:** a política e a poética do texto curricular. Belo Horizonte: Autêntica, 2003.

TORRES SANTOMÉ, J. **Globalização e interdisciplinaridade:** o currículo integrado. Porto Alegre: Artmed, 1998.

WILLINSKY, J. Política educacional da identidade e do multiculturalismo. **Cadernos de Pesquisa,** São Paulo, n. 117, p. 29-52, nov. 2002.

4

Justiça curricular

Concebido segundo os princípios da justiça social, um currículo elaborado de forma justa mantém-se atento ao modo como se privilegiam certos conhecimentos em detrimento de outros, certos discursos em detrimento de outros, certas identidades em detrimento de outras, certas vozes em detrimento de outras, atuando no sentido de modificar as condições de minimização e desqualificação das temáticas pertencentes aos grupos não hegemônicos. Além disso, age na efetivação da justiça no ato da vivência curricular (CONNELL, 1993).

Com base na justiça curricular, é possível inferir que uma distribuição equilibrada das diversas manifestações da cultura corporal a partir do seu grupo social de origem prestigia, pela valorização do patrimônio cultural corporal tradicionalmente excluído do currículo, a pluralidade dos grupos presentes na escola e na sociedade. Essa medida visa romper com a exclusividade de valores que intensificam noções de superioridade/inferioridade que atribuem conotações discriminatórias aos setores sociais em desvantagem nas relações de poder.

É o caso, por exemplo, de problematizar também a presença feminina nas lutas ou, quando o tema é brincadeira, equilibrar os conhecimentos trazidos pelos alunos e os obtidos em outras fontes. A tematização da cultura corporal popular ou midiática na escola, por si mesma, já se constitui uma boa ilustração da justiça curricular. Pela atenta seleção, enfatiza Torres Santomé (1998), valorizam-se no currículo diversos saberes culturais e, em função disso, os alunos podem entender a heterogeneidade social mediante a democratização das políticas de identidade e a validação da diversidade da cultura corporal.

Mas não se trata simplesmente de preencher o currículo com práticas corporais pertencentes aos grupos minoritários. Não basta oferecer aos alunos, salienta Willinsky (2002), um passeio comparativo pelas diferentes culturas para que eles aprendam seu valor relativo. Dependendo de como isso é feito, a comparação leva facilmente à supervalorização da cultura hegemônica.

As atividades de ensino atentas à justiça curricular promovem, entre outras situações, a desconstrução da maneira hegemônica de descrever o outro cultural (SILVA, 2000). No entender de Costa (2010, p. 140), desconstruir não é destruir, desconstruir requer procedimentos de análise do discurso, "que pretendem mostrar as operações, os processos que estão implicados na formulação de narrativas tomadas como verdades, em geral, tidas como universais e inquestionáveis". A desconstrução põe a nu as relações entre discursos e poder.

Em seu relato, um professor apresentou uma representação interessante da justiça curricular. Inicialmente, os alunos se referiam à capoeira e à população negra com frases pejorativas: "Negro dá até nojo", "São perigosos", "Capoeira é coisa de negro". "É macumba". "Lá na minha rua tem uma família de negro que só faz barulho e sujeira". "Meu pai vive tirando sarro e disse que se algum dia eu aparecer com um negrinho lá em casa, que me expulsa". "Só negro que pratica capoeira, negro é vagabundo". Por intermédio de atividades diversificadas que envolveram vivências corporais, assistência a filmes e documentários, jogar e interpretar um videogame de capoeira, realizar visitas a grupos de capoeira, entrevistar capoeiristas, analisar a produção discursiva sobre a população negra, e, principalmente acessar conhecimentos que posicionam as pessoas que praticam capoeira de forma distinta daquela presente nas falas iniciais, os estudantes, gradativamente, modificaram suas representações.

Ao menos é o que se pode depreender dos relatos discentes coletados ao final dos trabalhos, e transcritos no relato abaixo.

> **RELATO 07**
>
> Depois de entrevistarem o professor de capoeira, de volta à escola, pude perceber por meio de conversas entre eles/as, que os alunos já conseguiam entender que aquele grupo cultural tinha os seus saberes e que possuíam características próprias, diferentes do contato anterior, quando manifestaram preconceitos de etnia. Surgiram observações como: não sabíamos que eles detinham tantos conhecimentos, eles são bacanas, poderíamos ir lá jogar capoeira com eles. Uma posição muito diferente de quando avistaram o grupo pela primeira vez. Assim, identifiquei por meio de seus discursos um reconhecimento mais justo perante aquele grupo cultural, que antes era muito desvalorizado e então já começava a ser reconhecido com outro olhar.

> **RELATO 14**
>
> Eles conseguiram perceber que, ao longo desse trabalho, nós poderíamos aprender com o outro, com o par, e reconhecer que essa manifestação cultural sofre alguns preconceitos por determinadas classes. A razão pela qual ela sofre esses preconceitos, que não vêm de hoje, vêm de um longo período, é que essas manifestações ainda são formas de resistência, de valores nos quais há uma relação de poder.

Situação semelhante aconteceu quando outro professor coletou representações negativas com respeito ao futebol americano e ao povo que admira esse esporte: "O futebol americano é muito violento". "Existem muitas lesões". "Morrem muitas pessoas". "É só pancada". "Os EUA são muito preconceituosos". "Existem bairros só de negros". "Os negros são mais fortes nos esportes". "País racista". Diante desse cenário, o professor elaborou e desenvolveu atividades voltadas para a análise e o entendimento das construções e desconstruções do futebol americano com relação ao caráter racial nos EUA e, consequentemente, no mundo.

Dentre as diversas situações vividas em aula que giraram ao redor do tema preconceito racial, uma, em especial, é descrita com detalhes nesse relato. Os alunos assistiram, debateram e registraram seus pontos de vista a partir de uma produção cinematográfica baseada na vida de um atleta negro que é impedido de jogar na Liga Profissional norte-americana. A transcrição dos pronunciamentos dos alunos, emitidos durante a discussão que sucedeu a assistência ao filme, revela o aumento da sensibilidade para a relação ao contexto social e ao pensamento racista.

RELATO 12

Não foi só o futebol de Ernie, que quebrou barreiras, mas ele foi apenas uma ferramenta para mostrar as injustiças sociais, políticas e econômicas na sociedade branca norte-americana. Como a sociedade naquela época tratava os negros? Ainda trata? Existe apenas a segregação racial? É como questionou uma das meninas: "Como a sociedade está moldada? Na desigualdade, no conservadorismo, no individualismo, na produção..." "Nós é que temos de fazer algo e acabar com o racismo".

Diante das experiências narradas, é lícito dizer que a justiça curricular aponta para um aspecto primordial do processo de escolarização com vistas à construção de identidades democráticas, por priorizar o questionamento da forma com que são construídas as representações do outro, do diferente.

A postura questionadora, herdada do multiculturalismo crítico, busca evitar os riscos de perpetuação dos dogmas que reforçam a demonização do outro, percebido como diferente (CANEN, 2010). As relações na sociedade e, por conseguinte, na sala de aula, são repletas de ambiguidades e conflitos. Muitas vezes, o trabalho com o diferente tem sido abordado na perspectiva da tolerância, adotada como caminho de superação das dificuldades de relacionamento entre as pessoas. Quando os desacordos são camuflados em nome da cooperação ou do bom andamento dos trabalhos, tem-se o que Canen (2008) denomina de concepção multicultural folclórica. Nesse tipo de discurso, ocultam-se as discriminações e relações desiguais entre sujeitos e universos culturais diversos.

Em geral, o resultado, apesar das boas intenções, tem sido a formação do dominante tolerante e do diferente submisso, que se vê diante da imposição da aceitação da benevolência por parte daquele que já é valorizado pela sociedade.

O Relato 01 nos fornece uma ilustração desse processo. O professor observou que a cultura futebolística se fez presente na escola por meio do Projeto Copa do Mundo de Futebol, o que, na sua opinião, causava certo desinteresse pelo trabalho que vinha desenvolvendo. Não poupou críticas à cultura da instituição educativa ao constatar que as meninas optavam pelas bolas cor-de--rosa e os meninos, pelas verdes ou azuis.

RELATO 01

Essa questão das cores que marcaram as aulas, também é uma representação legitimada no cotidiano escolar, visto que as crianças estão muito atentas às práticas escolares e mesmo não negando os elementos que elas acessam em locais extras escolares, é possível perceber que a organização da sala também contribui para essa inculcação. Observando o cotidiano escolar, pode-se notar a consolidação de uma estrutura que favorece a validação de significados por meio de diversos textos construídos a partir de cores distintas entre meninos e meninas. Dessa maneira, os nomes e fotos das meninas em cores rosa, e meninos em azul, entre outras diferenciações semelhantes, contribuem para uma associação essencializada de cores pertencentes a meninos e meninas.

Some-se a isso, o fato de que, sendo o futebol uma prática corporal de origem masculina, os códigos por ela divulgados em nada favoreçem as meninas. Louro (1997), há bastante tempo denuncia o caráter genderizador das aulas de Educação Física na escola. Souza e Altmann (1999) são mais contundentes quando elucidam o papel masculinizante desempenhado pelo ensino esportivo, comumente desprovido de qualquer reflexão a respeito das questões sociais envolvidas na prática disseminada do esporte na escola.

Voltando ao relato sob análise, isso significa que não há nada pior do que abandonar, à própria sorte, as crianças que protagonizaram as cenas descritas. Caso ocorresse, muito provavelmente, os alunos teriam experimentado situações em que os meninos assumiriam a condição de identidade e as meninas, de diferença.

Para enfrentar a questão dos preconceitos, Canen (2007) propõe uma análise das formas como as diferenças são construídas para que seja possível identificar as marcas da linguagem impregnadas por uma perspectiva ocidental, colonial, branca e masculina. Quando as perspectivas multiculturais críticas se articulam ao campo curricular, é possível elaborar propostas que atentam não somente para o reconhecimento da existência histórica de manifestações culturais de determinados grupos, mas também o entendimento de que as culturas são híbridas, se entrecruzam no contexto escolar e não se reproduzem de forma estável e padronizada, mas sob o aspecto de novas culturas tecidas no contexto social do qual a escola faz parte. O currículo cultural da Educação Física incorpora essas recomendações.

RELATO 01

Organizei algumas ações didáticas para dar um aspecto de encerramento das aulas que abordavam a manifestação do futebol. Como já havia utilizado artefatos como música e jornal, quis apresentar também dois pequenos vídeos, baixados da Internet sobre jogos de futebol. Um, retratando o futebol feminino e outro, o masculino. A turma assistiu e teceu alguns comentários: uma aluna disse que a jogadora era "perna de pau", manifestando conhecimento de uma gíria pertencente à manifestação estudada. Aproveitei a exibição do vídeo para que pudessem identificar, no jogo, os acontecimentos e para que fizessem algumas nomeações; então, em alguns momentos, interrompia o vídeo para que indicassem como se chamava determinada ação. No futebol feminino, nenhuma jogadora foi reconhecida, já no masculino conseguiram identificar diversos. Com o subsídio do vídeo, dialoguei novamente com a turma a respeito das cores, apontando que a roupa dos jogadores não era azul, como também a roupa das jogadoras não era rosa e a bola era de cor predominante branca. A partir daí, os argumentos foram surgindo. Com isso, busquei evidenciar que as cores utilizadas não são determinadas de modo diferente entre homens e mulheres.

> **RELATO 13**
>
> Percebi, mediante os comentários coletados, que uma parcela não desprezível dos alunos e alunas considerava que os capoeiristas são em sua maioria homens e negros. Por conta disso, preparei um material a partir de imagens retiradas da Internet em que crianças, idosos, homens, mulheres e pessoas com deficiências participavam de rodas de capoeira. A atividade gerou uma intensa discussão com trocas de opiniões acerca do assunto. Notei que muitos alunos e alunas que permaneciam em silêncio em muitas outras ocasiões, puderam manifestar-se e expor suas formas de ver. A partir daí, solicitei que passássemos a observar como organizamos as nossas rodas de capoeira – quem joga com quem: meninos com meninas, meninos com meninos, negros com brancos, maiores com menores etc. Uma situação que me inquietou e fomentou um ambiente para essas reflexões foi o comentário de uma aluna. Ela afirmou que não achava correto "pessoas brancas e negras" jogarem capoeira juntas. Essa afirmação desencadeou um grande debate entre os alunos, pois muitos começaram a questioná-la, empregando argumentos pautados em exemplos que mostravam seu desacordo com a segregação durante a prática corporal. Seus colegas recorreram a outras formas de relacionamento entre as pessoas, inclusive aludindo a casos familiares. Para muitos depoentes, casar, conversar e brincar, por exemplo, não dependem da raça, opção religiosa, gênero etc.

Nos excertos em destaque percebe-se que as posições de sujeito não estão predefinidas, elas se alteram conforme a manifestação corporal problematizada nas aulas. É crucial que os alunos reconheçam que, na composição das suas identidades, misturam-se aspectos que podem ser alvo de discriminação e opressão com aqueles que levam a atitudes dominantes e opressoras, evitando o indesejável reducionismo identitário (CANEN, 2010). Afinal, como ensina Forquin (1993, p. 126), o pluralismo cultural está também nos "próprios indivíduos que não escapam à lei geral da diferenciação interna e da mestiçagem".

Trata-se de uma perspectiva que reconhece a diversidade cultural e a necessidade de combate à construção das diferenças e dos preconceitos, tomando conhecimento do que Sousa Santos (2001) denominou de "as diferenças dentro das diferenças". Apoiada em Grant (2000), Canen (2010) postula que falar sobre categorias de identidades sistematicamente silenciadas ou alvos de preconceitos em práticas curriculares, como se fossem algo universal ou único, traz o perigo do congelamento dessas identidades, pois a pluralidade no interior do marcador de identidade não é reconhecida, nem se admite que a identidade seja formada de inúmeros marcadores identitários, que se manifestam de forma plural e diferenciada na construção das subjetividades.

Canen (2010) denominou "dinâmicas de sensibilização de identidades" as atividades que podem ser desenvolvidas para que os alunos compreendam a identidade como construção, sempre provisória, e não como essência acabada. Trata-se de uma estratégia para chamar a atenção sobre o caráter multicultural das sociedades.

Segundo a narrativa presente no Relato 05, por exemplo, os alunos empreenderam uma investigação que trouxe à tona um dos elementos que identificam as raízes culturais do próprio grupo, o hip-hop. Visando desconstruir representações estereotipadas que diminuem os participantes desse movimento, foi preciso garantir um espaço para que alguns alunos descrevessem o modo como acessaram, aprenderam e vivenciaram os conhecimentos relativos à cultura hip-hop, a forma com que é transmitida no seu grupo de origem, quem a pratica, como são as pessoas, os locais ou os eventos, o linguajar, as vestimentas, o grau de importância para o grupo, os sentimentos de seus membros em relação à presença de representantes de outros grupos etc. Aqueles estudantes que possuíam parentes e amigos que partilhavam da cultura hip-hop, puderam acessar uma representação digna sem caráter pejorativo, valorizaram as raízes que os identificam enquanto grupos culturais, bem como compreenderam as razões da construção do processo de rejeição aos diferentes. Além dos temas tratados nas aulas, o sucesso dessa empreitada se deve, também, a uma ação didática que privilegiou as diversas formas da comunicação humana, como a oral, a corporal, a imagética e a musical.

SUGESTÕES DE LEITURA

NEIRA, M. G. O ensino da Educação Física na Educação Básica: o currículo na perspectiva cultural. In: MOREIRA, E. C. (org.).

Educação física escolar: desafios e propostas. 2. ed. Jundiaí: Fontoura, 2009.

NEIRA, M. G.; NUNES, M. G. **Pedagogia da cultura corporal:** crítica e alternativas. São Paulo: Phorte, 2006.

NEIRA, M. G.; NUNES, M. L. F. **Praticando estudos culturais na educação física.** São Caetano do Sul: Yendis, 2009.

REFERÊNCIAS BIBLIOGRÁFICAS

CANEN, A. O multiculturalismo e seus dilemas: implicações na educação. **Comunicação e política**. v. 25, n. 02, p. 91-107, 2007.

_____. A pesquisa multicultural como eixo na formação docente: potenciais para discussão da diversidade e das diferenças. **Ensaio:** avaliação e políticas públicas em educação. Rio de Janeiro, v. 6, n. 59, p. 297-308, 2008.

_____. Sentidos e dilemas do multiculturalismo: desafios curriculares para o novo milênio. In: LOPES, A. C.; MACEDO, E. (orgs.) **Currículo:** debates contemporâneos. São Paulo: Cortez, 2010. p. 174-195.

CONNELL, R. W. **Schools and social justice.** Montréal: Our Schools/Our Selves Education Foundation, 1993.

COSTA, M. V. Poder, discurso e política cultural: contribuições dos Estudos Culturais ao campo do currículo. In: LOPES, A. C.; MACEDO, E. (orgs.) **Currículo:** debates contemporâneos. São Paulo: Cortez, 2010. p. 133-149.

FORQUIN, J. C. **Escola e cultura:** bases sociais e epistemológicas do conhecimento escolar. Porto Alegre: Artmed, 1993.

GRANT, N. **Multicultural education in Scotland**. Edinburgh: Dunedin Academic Press, 2000.

LOURO, G. L. **Gênero, sexualidade e educação.** Petrópolis: Vozes, 1997.

SILVA, T. T. A produção social da identidade e da diferença. In: SILVA, T. T. (org.). **Identidade e diferença:** a perspectiva dos Estudos Culturais. Petrópolis: Vozes, 2000. p. 73-102.

SOUSA SANTOS, B. Dilemas do nosso tempo: globalização, multiculturalismo e conhecimento, entrevista concedida a L. A. Gandin; A. M. Hypolito, **Educação e Realidade**, v. 26, n.1, p. 13-32, 2001.

SOUZA, E. S.; ALTMANN, H. Meninos e meninas: expectativas corporais e implicações na EF escolar. **Cadernos Cedes,** ano XIX, n.48, p.52-68, 1999.

TORRES SANTOMÉ, J. **Globalização e interdisciplinaridade:** o currículo integrado. Porto Alegre: Artmed, 1998.

WILLINSKY, J. Política educacional da identidade e do multiculturalismo. **Cadernos de Pesquisa,** São Paulo, n. 117, p. 29-52, nov. 2002.

5

A descolonização do currículo

Contrariando a tradição da área, os temas do currículo cultural são permeados com as manifestações culturais dos grupos historicamente ausentes no cenário escolar. No estudo realizado sobre a trajetória da Educação Física (NEIRA, 2007), percebemos a intenção debelada de legitimar valores da cultura eurocêntrica mediante a apresentação e afirmação dos saberes que a constituíram. Nas propostas psicomotora, desenvolvimentista, esportivista e da saúde é visível a ênfase concedida às manifestações corporais que divulgam a identidade cultural dos povos colonizadores, afirmando sua superioridade e diminuindo os colonizados.

Nos currículos convencionais do componente identifica-se a preocupação com o ensino da bandeja do basquete, o desenvolvimento da lateralidade ou a memorização da fórmula para o cálculo do Índice de Massa Corporal, sem que se estabeleçam quaisquer análises das motivações que fizeram eleger esses conhecimentos como merecedores de espaço no currículo ou da sua trajetória sócio-histórica, a subjetividade que transportam, seus contextos de origem, a quem beneficiam etc. É desnecessário dizer que diante do predomínio absoluto de conhecimentos da mesma matriz, em tais propostas, as narrativas dominantes deslocam as práticas corporais do outro para uma condição inferior.

É de estranhar que no Brasil os currículos mais conhecidos da Educação Física apresentem alguns sintomas gravíssimos de amnésia com respeito às práticas corporais africanas e indígenas, tanto do passado como do presente: quais jogos, danças e lutas pertencentes a esses povos são estudados nas escolas brasileiras? Será que sequer os conhecemos? Com um currículo que ignora os conhecimentos dos grupos que compõem uma parcela significativa da população, veicula-se a impressão que sua contínua condição desprivilegiada lhes é merecida. Frente a isso, afirma-se que a experiência corporal euro-estadunidense é de aplicação universal, ou seja, a única vivência histórica válida e todos devem assumi-la como tal. (NEIRA; NUNES, 2009, p. 236)

Um currículo descolonizado destaca não só os conhecimentos e práticas sociais dos grupos dominados e da cultura popular, como também suas histórias de luta; valoriza e reconhece a diversidade identitária da população e proporciona o ambiente necessário para que as narrativas sejam efetuadas a partir da própria cultura, de forma a relatar suas condições de opressão, resistência e superação (APPLE, 2001).

RELATO 09

Perguntei aos alunos se era a primeira vez que entravam em uma academia. Descobri que apenas dois da turma haviam entrado, e por curiosidade. E os demais não têm vontade de conhecer? Responderam que não. O Lucas falou: "quem sabe quando ele ficar velho e gordo". Eu disse a ele que pelos comentários dos colegas que fizeram a pesquisa não havia nem homens, nem velhos e gordos, provoquei-o dizendo que ele tinha dois problemas: um, era encontrar uma academia que atendesse esse público e o outro, era saber o que fazer para perder o peso que ele acha que vai ter, quando ficar velho. [...] Depois desse momento de descontração no qual tentei trazer o Lucas para a discussão e integrá-lo ao grupo, os alunos pesquisadores falaram sobre os fatores que podem impedir uma pessoa de utilizar esses aparelhos, quais os benefícios que a sua utilização traz para a saúde, a relação das cargas com o tipo de trabalho desenvolvido. Em geral, os frequentadores das academias são mulheres que precisam perder peso e que acreditam que o exercício pode levá-las a atingir seus objetivos. Pedi aos alunos que trouxessem suas bicicletas na aula seguinte, para que pudéssemos fazer uma vivência. Meu objetivo seria fazê-los sentir a diferença entre aquecer o corpo e exercitá-lo.

Quando se articulam a descolonização e a justiça, o currículo cultural da Educação Física trata com a mesma dignidade tanto as experiências relacionadas ao futebol, voleibol, basquetebol, futebol americano, ginástica rítmica, rúgbi e balé, ou seja, práticas corporais europeias/norte-americanas, brancas e oriundas da elite econômica, como as provenientes de outros povos e segmentos sociais: capoeira, hip-hop, queimada, yoga, judô, lutas, modalidades ciclísticas, skate, brincadeiras, danças eletrônicas, e uma infinidade de manifestações culturais que caracterizam os grupos sociais que frequentam a escola. Isso possibilita aos alunos o questionamento do processo de construção identitária que experimentaram mediante as práticas corporais que acessaram, como também daquelas experiências corporais divulgadas como as únicas válidas para a aprendizagem social.

RELATO 04

Tentando socializar as respostas tanto na folha de sulfite, como nas vozes daqueles que não escreveram, fui à lousa e comecei a escrever e reconhecer os conhecimentos que as crianças possuíam sobre as lutas. Solicitei-lhes que registrassem as ideias dos colegas na mesma folha de sulfite que levaram para casa. Com isso, ao mesmo tempo em que escrevia suas respostas na lousa, também dialogava com as crianças em relação ao que tinham pesquisado: "Luta é briga professor, é coisa de doido". "Por que coisa de doido? Quem luta é doido?". "É prô, tem que sair sangue, os caras ficam se batendo." Além destas, também disseram: "que é um esporte", "que é bater, morder", "tem que dar chutes e socos", "cabeçada", "defesa", entre outros.

A descolonização do currículo viabiliza um leque de oportunidades "diferentes", proporcionando a participação equitativa das múltiplas identidades, aspecto central de uma escola comprometida com a apropriação crítica da cultura corporal por parte de todos os seus frequentadores. Por meio desse procedimento, o currículo cultural da Educação Física empreende a possibilidade de diálogo entre culturas, de convivência e partilha coletiva com o diferente, desestabilizando a noção de que existem culturas particulares autênticas.

> **RELATO 05**
>
> As nossas práticas continuavam e algumas dificuldades começaram a surgir, os meninos afirmavam que as meninas não sabiam dançar e que o break não era dança para mulheres. A partir daí, as meninas começaram a se recusar a dançar, porque os meninos ficavam rindo. Esse episódio chamou-me a atenção sobre o fato de que todos os filmes e textos que haviam sido apresentados aos alunos só mostravam os homens, o que reforçava a representação dos alunos. Para questionar essa representação, selecionei vídeos da Internet, nos quais mulheres dançavam o break, inclusive em desafios contra homens, acrescentei também vídeos de crianças (meninas) que apresentavam movimentos mais simples, o que facilitou a prática por parte das meninas e fez com que a ideia do break como uma prática apenas masculina fosse desconstruída. Ainda com o intuito de reforçar que o break é uma prática corporal que pode ser realizada por meninos e meninas, realizamos a leitura do texto: B-Girl: o break feminino, que relata as experiências das meninas nesse estilo de dança.

A vantagem do tratamento curricular crítico, sério e pedagógico das perspectivas subordinadas vai ao encontro do que Kincheloe e Steinberg (1999) denominam "consciência dupla". Na sua luta pela sobrevivência, os grupos subordinados adquirem um conhecimento sobre aqueles que tentam dominá-los ao mesmo tempo em que procuram informar-se dos mecanismos diários da opressão e dos efeitos dessas tecnologias. Essa dupla consciência do oprimido pode ser compreendida como uma segunda visão que consiste na habilidade de enxergar a si mesmo por meio da percepção dos demais. Para trabalhar com essa possibilidade, o currículo cultural da Educação Física fundamenta-se na compreensão de que uma pessoa educada de forma multiculturalmente orientada sabe mais sobre a cultura dominante que o simples conhecimento validado.

> **RELATO 05**
>
> Nas aulas seguintes, nos dedicamos também a uma análise do que era a música *rap* (ritmo e poesia ou revolução por meio das palavras). Muitos alunos afirmaram que o rap não é um estilo de música para dançar; era apenas para ouvir e manifestar-se. Construímos então um rap da própria turma tentando falar sobre o hip-hop na nossa escola. Nessa análise sobre as letras das músicas rap nacionais, os alunos perguntavam o que era periferia, onde ficavam determinados bairros, porque algumas letras só contavam coisas ruins. Ao final da discussão, percebi que muitos conhecimentos foram ampliados e aprofundados naquele momento de discussão, um exemplo está na fala de uma garota, que perguntou se fazer aquelas músicas e dançar daquele jeito iria mudar a realidade das periferias. Um aluno prontamente respondeu que não iria mudar, mas que servia para mostrar para os outros a realidade daqueles lugares. A partir dessa fala, entendi que alguns alunos superaram a ideia de que os dançarinos do break e os cantores de rap eram "maloqueiros", como uma boa parcela da população os classifica, como já havíamos lido em dois textos.

Enquanto mediadores do processo de construção de sociedades democráticas e valorização do espaço público, os professores, ao empreenderem a descolonização do currículo, enfrentam o dissenso. Em vez de romantizar ou silenciar os conflitos coercitivamente, o docente que coloca em ação o currículo cultural sabe que a colisão das formas de representação decorre da dificuldade relacional que o processo de reconhecimento das identidades culturais promove, o que torna o dissenso importante para a aprendizagem sobre o outro. McLaren (2000) cunhou a expressão "pedagogia do dissenso", por Candau (2008) denominada "pedagogia do conflito", para descrever situações como as relatadas a seguir.

RELATO 02

O Celso, resistente, não quis fazer; ficou deitado e com os olhos o tempo todo abertos, quando eu havia pedido que ficassem fechados. Para ele, nós deveríamos estar jogando futebol para relaxar. Porém, foi voto vencido ao elegermos essa manifestação. Existem alguns alunos que ainda estão resistentes a essa manifestação. Mas isso faz parte do processo. Resistências vão ocorrer. As aulas não são tão certinhas. Exigem ações educativas que, muitas vezes, causam conflitos e enfretamentos. A função do professor é mediar essas relações e, por meio do diálogo democrático, discutir essas relações de poder. O conflito faz parte do processo de construção do conhecimento.

RELATO 09

Pedi que pesquisassem se existem cidades brasileiras que adotam a bicicleta. Sugerimos três sites para facilitar a pesquisa. Ao retornarem, os alunos puderam constatar que Santa Catarina não está muito distante das cidades apresentadas nos textos lidos (Tóquio, França, Dinamarca etc.). Após a discussão do texto e a apresentação da pesquisa pelos alunos, o Henrique teceu o seguinte comentário: "Professora quem não tem acesso à Internet não saberá". Os alunos inferiram a partir do comentário do colega que não é interessante a divulgação das experiências isoladas que acontecem pelo Brasil afora, pois mesmo a população sendo beneficiada em todos os aspectos, a indústria teria muitas perdas, e, afinal de contas, ela é a "dona da bola", portanto ela determina que jogo deve ser jogado e quais as suas regras. Já imaginaram se a moda de Santa Catarina pega! Nem todos têm acesso à Internet e, daqueles que têm, quantos buscariam essas informações sem serem provocados para isso, como foi o caso desse grupo de alunos? Pensar na influência do poder econômico nas nossas vidas para esses alunos não me parece ter sido muito confortável, eles ficaram incomodados com o fato de o Estado não interferir nessa questão, mesmo sendo melhor para a população e para o ambiente.

RELATO 11

Em uma das classes, ao informar a manifestação, alguns alunos apresentaram resistência pelo fato de a turma ser mista, alegando que, para essa prática, seria melhor que as meninas viessem em outro horário e, logo, sugeriram a separação da turma. Após a ideia ter sido apresentada, sugeri que realizássemos uma votação para que prevalecesse a decisão da maioria. Colocada em votação, a sugestão foi derrotada. Iniciamos então a discussão da proposta, que não havia sido feita anteriormente para não influenciar as decisões na hora do voto. Perguntei: Por que para trabalhar com a manifestação futebol alguns achavam melhor dividir as turmas em masculina e feminina? Os que defenderam a proposta da divisão alegaram que as meninas não sabem jogar e atrapalhariam as aulas. Nesse grupo, também havia o voto de meninas que concordaram com a alegação, a maioria vencedora disse que, assim como nas outras áreas de ensino, a Educação Física deveria ser realizada com os meninos e meninas juntos. Por que será que, no futebol, os meninos, de modo geral, são mais habilidosos e as meninas menos? Quais são as influências que recebemos desde crianças que nos tornam diferentes para a prática dessa manifestação? Responderam que "as meninas brincam mais de casinha, boneca, mamãe e filhinha, fazer comidinha e os meninos brincam mais de bola, carrinho, videogame, de pipa". Também costumam ouvir "isso é brincadeira pra menina", "isso é brincadeira pra menino". Disseram também que "quando uma menina é habilidosa e um menino não é, ambos sofrem preconceito por serem considerados diferentes". A partir das respostas, discutimos como as relações entre meninos e meninas são construídas e representadas socialmente.

Imbuído da força imanente dos Estudos Culturais, o currículo cultural da Educação Física se posiciona a favor dos mais fracos, ou seja, daqueles grupos que, historicamente, não viram suas produções culturais corporais contempladas pelos currículos escolares. Mais uma característica a distingui-lo das demais propostas existentes. Agir propositadamente a favor dos grupos em desvantagem nas relações de poder é algo absolutamente fora dos planos dos currículos tecnicistas, historicamente voltados para a validação dos níveis elevados de desenvolvimento e dos padrões de excelência nos domínios do comportamento humano, o que contribui para o afastamento e exclusão dos diferentes.

Inversamente, o currículo cultural da Educação Física não joga o jogo dos poderosos, isto é, daqueles que costumeiramente legitimam os significados que produzem, mas ousa enfrentá-los com um olhar pedagógico.

RELATO 14

Eles conseguiram perceber que, ao longo desse trabalho, nós poderíamos aprender com o outro, com o par e reconhecer que essa manifestação cultural sofre alguns preconceitos por determinadas classes, e perceberam o porquê da existência de tais preconceitos, que não vêm de hoje, vêm de um longo período e que essas manifestações ainda são formas de resistência, de valores que há uma relação de poder. A gente até leu uma reportagem, em sala, de um grupo de jovens que foi visitar um shopping de classe média alta em São Paulo e pelo fato de esses jovens estarem vestidos, caracterizados, com esse estilo de música, com essa identidade cultural, foram barrados pelos seguranças, foram questionados. Saiu na imprensa, os jovens se sentiram muito mal, um ato de preconceito e discriminação que foi discutido em sala, também, como isso, até hoje, acontece. A gente precisa validar essas representações para mudar os olhares sobre essa manifestação.

Em vez de camuflar as diferenças para que não possam ser vistas, o currículo cultural promove o confronto e abre espaço para que os alunos possam externar e analisar os sentimentos e impressões pessoais que se fazem presentes nos momentos de divergência. A consciência dos professores sobre as situações de opressão é um passo importante na construção de práticas multiculturalmente orientadas (MOREIRA; CÂMARA, 2008).

Com suas intervenções, os professores procuram ajudar os estudantes a reconhecerem vestígios de preconceitos que se encontram conectados às práticas corporais. Há que se louvar o esforço e a coragem dos educadores diante de tamanha empreitada, pois travam uma luta injusta e solitária no melhor estilo quixotesco. Procuram reverter as posições dos alunos por meio da própria argumentação ou, no máximo, recorrem à seleção de temas e enfoques que façam eclodir as diferenças.

A tarefa é mais fácil quando, seguindo as recomendações de Kincheloe e Steinberg (1999), os docentes se fazem acompanhar dos referenciais da sociologia, da filosofia, da história, da política etc. Os estudos levados a cabo por Lippi (2009), Nunes (2010) e Alviano Júnior (2011) revelam que os currículos da formação inicial ou contínua de professores de Educação Física encontram-se alinhados "à direita", por declararem-se simpáticos aos princípios neoliberais de exaltação hedonista do mercado e pelo estímulo à comercialização e ao consumo das práticas corporais.

Apple (2003) já alertara que o mesmo fenômeno atinge considerável parcela do sistema educacional no Ocidente e Giroux (2006) fez constatação idêntica com relação a uma grande parte das políticas sociais. Em suma, a depender única e exclusivamente dessas instâncias formativas, os professores seguirão reproduzindo os códigos da cultura dominante sem condições de proporcionar aos seus alunos uma leitura acurada dos mecanismos de subjugação que circulam na sociedade.

Todavia, a pedagogia do dissenso não se restringe à produção da diferença com relação ao outro. Quando a prática corporal selecionada como objeto de estudo não pertence ao universo vivencial da maioria dos alunos ou não são estabelecidos vínculos identitários, mesmo pertencente ao patrimônio de alguns, a manifestação também passa a ser produzida negativamente, sendo vista como diferente.

RELATO 04

Algumas crianças de antemão, já rebatendo e resistindo à atividade, disseram que não sabiam nada sobre as lutas e que não iriam fazer a pesquisa. [...] Expliquei-lhes que, naquele ano, iríamos estudar as lutas que conhecíamos e disse também que não eram só os meninos que faziam. Porém, como logo percebi, esta prática estava distante da vida daquele grupo, lutas, naquele momento era "coisa" de menino mesmo. Percebi que, ao longo do trabalho, muitas confusões sobre as lutas surgiram, as crianças, de modo geral, entendiam que, na maioria das vezes, tinham de socar e chutar, tinha de "sair sangue" e, analogicamente, comparavam as lutas com as brigas que aconteciam e que ocorriam nas suas vidas. Além do que, durante as aulas, identifiquei também certos preconceitos e discriminações quanto às relações de gênero pois, para uma grande parcela dos alunos/as, lutar era "coisa de menino", "meninas não lutam, prô". Na aula seguinte, organizei uma roda de conversa na quadra e pedi que cada grupo explicasse o que fez da prática de judô. Alguns grupos tentaram explicar o que escreveram e o que não escreveram, mas experimentaram. Os grupos dos meninos explicaram as suas formas de lutar judô, porém o grupo das meninas nada disse. É evidente, não se sentiam conhecedoras daquela prática. Perguntei por que não fizeram nada e, novamente, emergiu o discurso de que as lutas eram coisas de meninos. Nisso, os meninos concordaram também: "É prô, menina não luta não!!! Deixa elas pra lá, e vamos lutar!".

RELATO 03

No dia seguinte, quando cheguei à escola, tive de buscar o swing poi na direção, pois após o término de sua construção os alunos passaram para outros estudantes e, ao ver os alunos manuseá-lo no corredor, os inspetores pegaram. Isso demonstra uma situação de conflito entre a prática estudantil e as normas da direção da escola que já estava prestes a entregar advertência a esses alunos, sem estabelecer um diálogo sobre a possibilidade de experimentação ou não em determinado espaço.

Observa-se que, no início, como em qualquer atividade inédita, os estudantes e a comunidade apresentam dificuldades em aceitar a situação, reagindo agressivamente à proposta ou simplesmente evitando-a. Em alguns casos, a própria instituição escolar não reconhece as práticas corporais diferentes. Para encaminhar as discussões, os professores apresentaram aos alunos algumas questões para orientar o processo: "Por que será que os meninos, de modo geral, são mais habilidosos que as meninas no futebol, quais são as influências que recebemos desde crianças que nos tornam diferentes para a prática dessa manifestação?" (RELATO 11) "Jogar queimada é coisa só de criança? Ainda podemos brincar de queimada?" (RELATO 06) "O que é relaxar? Se estou vendo televisão, estou relaxando? Se estou tomando sol, estou relaxando? A Educação Física é para relaxar? O que vocês pensam sobre relaxar? Como é relaxar para você? E para os orientais?" (RELATO 02) "O que é capoeira para você? O que você sabe sobre essa manifestação corporal? Qual é o grupo que pratica e quem são estas pessoas para você? Onde se pratica no seu bairro? Você conhece algum capoeirista?" (RELATO 07)

RELATO 03

Saliento que houve também grande resistência, principalmente no início do trabalho, de uma parcela da turma que queria, a todo custo, a prática esportiva. Mas ao longo do projeto, alguns foram se envolvendo e participando das aulas, por meio dos trabalhos e da organização das apresentações. Apesar disso, dois alunos, mesmo após conversas sobre o trabalho e formas de participação, não quiseram participar. [...] É interessante destacar que alguns alunos, antes de iniciar o trabalho, ficaram impressionados com a possibilidade de estudar o psy e as danças eletrônicas, pois diziam que vivenciavam essas manifestações apenas durante os intervalos das aulas e fora do ambiente escolar. Seus depoimentos denunciavam: "Por que não podemos dançar do jeito que queremos na escola?" e "Só pode música de festa junina". Ou seja, lhes eram disponibilizadas tão somente coreografias planejadas para determinados eventos escolares.

> **RELATO 04**
>
> Algumas crianças já traziam determinados conhecimentos vivenciais, já haviam praticado em uma escola ou academia, diziam que sabiam tudo. Outras, por sua vez, não gostavam nem de comentar, na voz dos calados, luta não entrava no seu dicionário.

As questões variam segundo a manifestação estudada e o grupo de alunos. Em determinados momentos e conforme o tema, alguns são aceitos, mas, em outras circunstâncias, os preconceitos e resistências afloram. Além disso, Apple e Buras (2008) recordam que nem todas as comunidades enxergam a necessidade de recontextualizar o currículo com o patrimônio pertencente aos grupos desprovidos de poder, pois recebem o currículo tradicional como uma bênção.

Pelos excertos se percebe que os professores empregam um recurso bastante eficaz para enfrentar o dissenso, quando evitam incorrer no daltonismo cultural (CANDAU, 2008), tanto na seleção das manifestações corporais que foram contempladas, quanto na elaboração e desenvolvimento das atividades de ensino.

Stoer e Cortesão (1999) atribuem o fenômeno do daltonismo cultural à desconsideração do "**arco-íris de culturas**" com que se precisa trabalhar no ambiente pedagógico. Em contrapartida, proclamam uma perspectiva que valoriza e leva em conta a riqueza decorrente da existência de diferentes culturas no espaço escolar e recomendam que se evite a homogeneização ou uniformização da diversidade apresentada pelos alunos, bem como dos resultados das ações formativas.

Arco-íris de culturas: expressão apropriada pelos autores de seu compatriota Boaventura Sousa Santos.

Para evitar o daltonismo cultural e suas consequências, o currículo cultural empreende atividades que permitem lidar com a heterogeneidade da cultura corporal: a assistência a vídeos, modos variados de participar das vivências corporais, construção de blogs, filmagens e fotografias realizadas pelos alunos, análises de textos e imagens presentes nas mídias, elaboração de clipes, atividades partilhadas com outras escolas, demonstrações durante as aulas, estudos do meio, construção de materiais, preparação e realização de entrevistas, conversas com convidados, elaboração de apresentações para a comunidade e realização de pesquisas.

Diante da heterogeneidade que caracteriza a sala de aula, o currículo cultural recorre a uma variedade de atividades de ensino, a fim de reconhecer as leituras e interpretações dos alunos acerca da manifestação objeto de estudo; estimular, ouvir e discutir todos os posicionamentos com relação a ela; apresentar sugestões; oferecer novos conhecimentos oriundos de pesquisas nas diversas fontes de informação sobre o assunto; reconstruir a manifestação corporalmente. O resultado final é a elevação dos diferentes grupos à condição de sujeitos da transformação e construção da manifestação em foco.

Para tanto, os docentes empregam dispositivos de diferenciação pedagógica (CORTESÃO; STOER, 2008), ou seja, certa sutileza que caracteriza a condução da ação pedagógica culturalmente orientada por meio da produção inventiva de atividades de ensino, com a preocupação de reconhecer as diferenças e potencializar interesses e características dos alunos.

RELATO 03

E aí, lá no auditório, eu percebi que tinha aquele grupo que tinha vergonha, queria, perguntava, queria tentar, mas tinha vergonha de se expor. Então, o que eu propus: o auditório, ele é grande, lá no fundo do auditório, deixo poucas luzes e vocês ficam à vontade para ir lá pro fundo e tentar vivenciar lá, não há problema, se vocês quiserem, fiquem à vontade, não há problema. Ao mesmo tempo, peguei vídeos no Youtube que mostram, no telão do auditório, passo a passo, essas danças. Ao mesmo tempo que havia os alunos que estavam auxiliando na vivência das danças, eu passava o vídeo que exibia como realizar alguns passos dessas danças, porque, na verdade, não há uma coreografia certa na dança eletrônica, mas alguns passos são em comum. Então, deixei os vídeos sendo exibidos para aqueles que achavam melhor tentar realizar os passos, acompanhando o modelo sugerido.

SUGESTÕES DE LEITURA

APPLE, M. **Ideologia e currículo**. Porto Alegre: Artmed, 2006.

LIPPI, B. G.; SOUZA, D. A.; NEIRA, M. G. Mídia e futebol: contribuições para a construção de uma pedagogia crítica. **Revista Brasileira de Ciências do Esporte,** Campinas, v. 30, n. 1, p. 91-106, 2008.

NEIRA, M. G. Valorização das identidades: a cultura corporal popular como conteúdo do currículo da Educação Física. **Motriz,** Rio Claro, v. 13, n. 3, p.174-180, jul./set. 2007a.

REFERÊNCIAS BIBLIOGRÁFICAS

ALVIANO JÚNIOR, W. **Formação inicial em educação física:** análises de uma construção curricular. Tese (Doutorado em Educação) Faculdade de Educação. Universidade de São Paulo. São Paulo: FEUSP, 2011.

APPLE, M. Políticas de direita e branquidade: a presença ausente da raça nas reformas educacionais. **Revista Brasileira de Educação**, n. 16, 2001. p. 61-67.

_____. **Educando à direita:** mercado, padrões, Deus e desigualdade. São Paulo: Cortez, 2003.

APPLE, M. W.; BURAS, K. L. Respondendo ao conhecimento oficial. In: APPLE, M. W.; BURAS, K. L. et al. **Currículo, poder e lutas educacionais:** com a palavra, os subalternos. Porto Alegre: Artmed, 2008. p. 273-286.

CANDAU, V. M. Multiculturalismo e educação: desafios para a prática pedagógica. In: MOREIRA, A. F.; CANDAU, V.M. (orgs.) **Multiculturalismo:** diferenças culturais e práticas pedagógicas. Petrópolis: Vozes, 2008. p. 13-37.

CORTESÃO, L.; STOER, S. R. A interface de educação intercultural e a gestão de diversidade na sala de aula. In: GARCIA, R. L.; MOREIRA, A. F. B. (orgs.) **Currículo na contemporaneidade:** incertezas e desafios. São Paulo: Cortez, 2008. p. 189-208.

GIROUX, H. **Atos impuros:** a prática política dos estudos culturais. Porto Alegre: Artmed, 2006.

KINCHELOE, J. L.; STEINBERG, S. R. **Repensar el multiculturalismo.** Barcelona: Octaedro, 1999.

LIPPI, B. G. **Formação contínua de professores de educação física do Estado de São Paulo:** quais as políticas em jogo? 2009. Dissertação (Mestrado em Educação) – Faculdade de Educação. Universidade de São Paulo. São Paulo: FEUSP, 2009.

McLAREN, P. Construindo Los Olvidados na Era da Razão descrente. In: McLAREN, P. **Multiculturalismo revolucionário:** pedagogia do dissenso para novo milênio. Porto Alegre: Artmed, 2000.

MOREIRA, A. F. B.; CÂMARA, M. J. Reflexões sobre currículo e identidade: implicações para a prática pedagógica. In: CANDAU, V. M.; MOREIRA, A. F. B. (orgs.) **Multiculturalismo:** diferenças culturais e práticas pedagógicas. Petrópolis: Vozes, 2008. p. 13-37.

NEIRA, M. G. **Ensino de educação física.** São Paulo: Thomson Learning, 2007.

NEIRA, M. G. e NUNES, M. L. F. **Educação física, currículo e cultura.** São Paulo: Phorte, 2009.

NUNES, M. L. F. **Sobre Frankenstein, monstros e Ben 10:** o currículo e os sujeitos da formação em Educação Física. São Paulo: FEUSP, 2010. (Relatório de Pesquisa).

STOER, S. R. e CORTESÃO, L. **Levantando a pedra:** da pedagogia inter/multicultural às políticas educativas numa época de transnacionalização. Porto: Afrontamento, 1999.

6

Ancoragem social dos conhecimentos

A ancoragem social dos conhecimentos é uma modificação feita por Moreira e Candau (2003) da estratégia pedagógica multiculturalmente orientada proposta por Grant e Wieczorek (2000). Os autores denominam ancoragem social dos discursos ao estabelecimento de conexões entre discursos históricos, políticos, sociológicos, culturais e outros, com o objetivo de perceber origens e processos de transformação experimentados.

No currículo cultural, os professores adotam como ponto de partida para o trabalho pedagógico a "prática social" das manifestações da cultura corporal. A partir dela, proferem uma séria e compromissada análise sócio-histórica e política. Os trabalhos se iniciam com a noção que os alunos e o professor possuem da manifestação cultural corporal pelo formato acessado no cotidiano. Ou seja, o ponto de partida é a ocorrência social da brincadeira, do esporte, da dança, da ginástica ou da luta.

É importante ressaltar que se trata de mais uma ruptura com a tradição curricular do componente. Basta mencionar que o recente estudo de Resende, Soares e Moura (2009) flagrou a permanência de uma organização didática compartimentada nas propostas voltadas para o ensino dos jogos esportivos ou para o desenvolvimento das capacidades físicas em estudo realizado nas escolas municipais do Rio de Janeiro. Os autores constatam que o alcance dos objetivos é proposto mediante um trabalho pedagógico gradativo e fragmentado, sem qualquer semelhança com o formato das manifestações culturais corporais na sua existência cotidiana.

O currículo cultural da Educação Física, ao ancorar socialmente os conhecimentos, amplia a possibilidade de compreensão e posicionamento crítico dos alunos com relação ao contexto social, histórico e político de produção e reprodução das práticas culturais. Os estudantes são levados a interpelar as próprias experiências corporais e saberes que lhes dizem respeito, obtidos na cultura paralela à escola, por meio das vivências pessoais ou mediante os conhecimentos que surgem durante as atividades de ensino.

A ancoragem social ajuda a desconstruir as representações provocadas pelas informações distorcidas ou fantasiosas presentes no âmbito social e reconhecer ou adquirir uma nova visão sobre os saberes corporais disponíveis, sejam eles valorizados ou marginalizados. Os professores, movidos pela necessidade de lastrear os conhecimentos trabalhados, desenvolvem uma **genealogia arqueológica** das manifestações da cultura corporal.

> **Genealogia arqueológica:** método que fornece aos envolvidos a possibilidade da análise dos contextos de pensamento e do conjunto de verdades que validam ou negam as manifestações culturais.
> O filósofo alemão Nietzsche referia-se à genealogia como sua forma de estudo: analisar a evolução dos conceitos morais, suas origens e os modos como eles evoluíram. A arqueologia é o termo utilizado por Foucault (1981) na obra "As palavras e as coisas". Nela, o autor desenvolve um método próprio de investigação e análise exaustiva dos documentos de época que procuram as regras do pensamento e as suas limitações. Para o filósofo francês, cada momento histórico produz o seu conjunto de verdades e falsidades que se materializam nos discursos e nas relações sociais.

RELATO 03

Discutimos as informações coletadas sobre os diferentes tipos de dança eletrônica, conversamos sobre os estilos de roupa dos praticantes, as batidas das músicas e a presença da tecnologia. A turma concluiu que o *psy* é um estilo de música em que as pessoas deixam se envolver e dançam da sua maneira. Não há passos certos, coreografados. Contudo, as pessoas acabam dançando com mais frequência o estilo *rebolation* na música *psy*, o que, muitas vezes, leva a chamar o conjunto desse estilo de música e dança de *psy*. Os alunos perceberam que o *psy* tem sua origem nas *raves*, festas realizadas a céu aberto como em chácaras, sítios, em espaços distantes dos grandes centros urbanos, durando, muitas vezes, várias horas e até dias. Contudo, escutavam e dançavam nos finais de semana nas casas noturnas das proximidades ou durante os horários de matinês. Eles concluíram que não existe uma roupa certa para dançar a música eletrônica, mas o grupo que se identifica com o *psy trance* geralmente usa roupas coloridas, fluorescentes, informais e confortáveis, características da influência hippie e indiana. Os praticantes do *tecktonic* utilizam roupas mais justas e penteados futurísticos, já os do *Melbourne shuffle* geralmente vestem Phat Pants, calças largas que dão a impressão de maior deslize nos movimentos. Contudo, para os locais que a maioria dos alunos frequenta, adotavam-se geralmente calça jeans, blusinha, camiseta e, muitas vezes, até misturam os estilos. Sobre a tecnologia, um aluno comentou que, em algumas *raves* existe decoração em 3D e os participantes compram uns óculos específicos que possibilitam enxergar esse tipo de decoração.

> **RELATO 09**
>
> Mediante a intenção de contemplar todas as brincadeiras com bicicletas relatadas pelos alunos, distribuí o tempo entre o trabalho na sala e as vivências na quadra. A abordagem do terceiro eixo se deu a partir da leitura do texto "O mundo embaixo de você" que fala da experiência de Argus Caruso, o ciclista que deu a volta ao mundo sobre duas rodas. A partir das interpretações dos alunos, discutimos a "magrela" como meio de transporte, além de conhecermos as experiências de alguns países em relação ao nosso. A partir dessa discussão, os alunos questionaram: Por que não se adota a bicicleta como meio de transporte? Não seria uma alternativa para o caos do nosso trânsito? O ambiente não ficaria menos poluído? Mas também pode ser porque a cidade tem muito morro. Em busca de resposta, recorremos ao texto "A hegemonia do automóvel", o qual trouxe assuntos como a economia, a política, as relações de poder que estão por trás das ações que não favorecem para que a população adote a bicicleta como meio de transporte.

O currículo cultural da Educação Física, ao comprometer-se com a desconstrução de estereótipos e representações distorcidas dos estudantes não se limita à troca de comentários e impressões pessoais sobre o objeto de estudo. O que se propõe é o desenvolvimento de práticas que fomentem o compromisso político e social de inclusão dos sujeitos discriminados e a intervenção docente em situações de conflito.

A ancoragem social dos conhecimentos requer profundidade no tratamento dos temas, cuja possibilidade tem como condicionantes o engajamento do professor na proposta, a investigação do assunto, a seleção de materiais didáticos adequados e a preparação de atividades específicas. Uma eventual falta de sincronia entre esses elementos significará uma abordagem superficial das questões sócio-históricas e políticas alusivas às práticas corporais. Algo insuficiente aos propósitos político e pedagógico do multiculturalismo crítico.

Uma didática insípida, marcada pela ausência da crítica e da contextualização requeridas pela ancoragem social dos conhecimentos, em nada contribui para a compreensão mais ampla do papel social das práticas corporais estudadas. Quando a natureza das ações pedagógicas é descontextualizada e desprovida de conflito, a essência das experiências fica dissimulada.

Há quem pense que o que diferencia o currículo cultural é a metodologia empregada. Creem que, nas outras propostas, apenas a prática corporal seja suficiente, enquanto nessa perspectiva é necessário apresentar textos para os alunos olharem, compararem, tematizando os conhecimentos que estão em volta daquela prática. Daí resulta o fato de ser importante assistir a vídeos, analisar jornais e revistas, verificar o que está sendo dito ou produzido sobre a prática corporal etc.

O que incomoda é a impressão de que tal postura possa ser concebida como progressista. Como se houvéssemos deixado o tecnicismo para trás porque, para além das vivências corporais comumente suscitadas, passamos a inundar as aulas de Educação Física com outras atividades de ensino.

Na contramão do entendimento do currículo cultural como um *pot-pourri* de atividades, a consolidação do seu projeto político e pedagógico implica, entre outros procedimentos, frisar que as manifestações corporais foram produzidas em um contexto sócio-histórico específico e mediante determinadas intenções e significados, mas com o passar do tempo, sofreram inúmeras transformações em decorrência de suas íntimas inter-relações com a sociedade mais ampla.

O currículo cultural da Educação Física analisa as razões que impulsionam as modificações de determinada prática corporal. Nessa operação, os fatores relativos às questões de etnia, classe social e gênero, entre outros, são obrigatoriamente desocultados. Quando isso não é feito, afirmamos, os estudantes permanecem à mercê de perspectivas distorcidas, que relacionam as práticas corporais a finalidades mercadológicas de consumo ou estéticas, quase sempre embebidas de posições preconceituosas para com os grupos que recusam submeter-se.

RELATO 03

Quando abordamos alguns ritos na capoeira do Mestre Bimba foi possível perceber algumas representações dos alunos em relação à prática da capoeira a partir de comentários como: "a capoeira é macumba?", "por que usam os tambores e aquele negócio que bate com a madeirinha?","capoeira é dança e tem que dançar de branco", "por quê?" "por causa dos negros". Pensei como seria possível realizar certas desconstruções de preconceitos, afinal. Estudar a capoeira nas aulas de Educação Física, de certa forma, é um assunto recente. Começamos, abordando o batizado, em que o aluno novato recebe seu apelido e se insere naquele grupo, passando a ser chamado apenas pelo codinome. Foram estabelecidas algumas relações com o costume de apelidar os amigos em alguns grupos sociais. Ao comentar sobre os instrumentos, expliquei que o Mestre Bimba (adepto do Candomblé) retirou da capoeira o atabaque, por considerá-lo um instrumento sagrado. Os alunos demonstraram curiosidade a respeito das cores dos lenços e a relação com os orixás, mas como eu não sabia, perguntei se alguém na sala saberia responder. Isso foi muito interessante, visto que o Vinicius prontamente respondeu: azul, Logum, amarelo, Oxum, vermelho, Ogum e branco, Oxalá, o que para alguns alunos me pareceu surpresa a pensar pela forma como ficaram olhando para ele. Posteriormente à afirmação, o Luis perguntou sobre as relações entre a religião e a capoeira. Preferi questioná-los sobre o que eles pensavam a respeito do assunto e questionei a atitude de Mestre Bimba, retirando o instrumento "sagrado" do candomblé da prática "profana" da capoeira. Ouvi um comentário estabelecendo uma relação interessante sobre o assunto "quem tem religião é a pessoa, burro, não o esporte, você num vê o Kaká, num tem nada a ver, futebol num é de crente e ele joga". Terminamos a vivência sobre a capoeira regional com um questionamento sobre as relações entre a capoeira e a religião, pedindo para que refletissem sobre o que nos levava a estabelecer essa relação e que buscássemos informações sobre a capoeira angola.

Mediante a ancoragem social, o currículo cultural agrega de forma contextualizada as histórias das práticas corporais, preferivelmente reconhecendo seu ponto de apego tanto na comunidade escolar quanto na sociedade mais ampla. Também é primordial conhecer os pontos de vista dos grupos e pessoas que as recriam, desenvolvem e praticam. Isso reforça a pauta a respeito do risco do desvio que os conhecimentos da cultura corporal podem sofrer no currículo, quando ocasionalmente são propostas "visitas" descontextualizadas.

SUGESTÕES DE LEITURA

CANEN, A. Educação multicultural, identidade nacional e pluralidade cultural: tensões e implicações curriculares. **Cadernos de Pesquisa**. São Paulo, n. 111, p. 135-149, 2000.

COSTA, M. V. (org.) **Estudos culturais em educação:** mídia, arquitetura, brinquedo, biologia, literatura, cinema... Porto Alegre: Editora da UFRGS, 2000.

GARCIA, R. L.; MOREIRA, A. F. B. (orgs.) **Currículo na contemporaneidade:** incertezas e desafios. São Paulo: Cortez, 2008.

REFERÊNCIAS BIBLIOGRÁFICAS

FOUCAULT, M. **As palavras e as coisas**. São Paulo: Martins Fontes, 1981.

GRANT, C. A.; WIECZOREK, K. Teacher Education and Knowledge in the "Knowledge Society": the need for social moorings in our multicultural schools. **Teachers College Record**, v. 102, n.5, p. 913 – 935, 2000.

MOREIRA, A. F. B.; CANDAU, V. M. Educação escolar e cultura(s): construindo caminhos. In: **Revista Brasileira de Educação**, n.23, maio/jun./jul./ago. p.156-168, 2003.

RESENDE, H. G.; SOARES, A. J. G.; MOURA, D. L. Caracterização dos modelos de estruturação das aulas de Educação Física. **Motriz**. Rio Claro, v. 15, n. 01, p. 37-49, 2009.

7

Tematização

A história de transformações que marca a educação mostra que os sentidos que lhe são atribuídos diversificaram-se ao longo dos tempos. Conceitos como escola, ensino, currículo, classe, disciplina e conteúdo são construções sociais e, como tal, são práticas de significação. Chegar a uma conclusão do que venha a ser qualquer um dos conceitos citados passa por um conflituoso processo de posicionamentos e definições que refletem os diversos enfoques, perspectivas e abordagens que compõem a prática pedagógica. Dentre eles, é interessante constatar as controvérsias envolvidas com relação aos "conteúdos de ensino". Afinal, tudo o que envolve a sua definição denuncia uma visão de aluno, cultura e a função social da escola.

Os debates em torno da decisão dos conhecimentos que devem fazer parte do currículo, particularmente no caso da Educação Física, vivem um momento de grande ebulição. O que um determinado grupo possa considerar conteúdo legítimo e necessário para ser ensinado e compor a formação dos sujeitos da educação, noutro momento histórico, talvez seja retirado. O conteúdo suprimido torna-se desnecessário e esquecido, sendo substituído por outro considerado relevante. O exercício do tiro, por exemplo, fez parte das aulas de Educação Física no currículo ginástico. Em tempos de guerras e revoltas, da aplicação dos métodos ginásticos e da influência das concepções militaristas na educação, sem dúvida, o tiro foi considerado adequado à formação dos valores da época. Em tempos mais recentes, tal conteúdo tornou-se obsoleto e toda carga valorativa recaiu sobre os fundamentos esportivos. Em tempos mais recentes, assistimos à perda de status das técnicas esportivas e sua gradativa substituição pelos jogos (NEIRA; NUNES, 2009).

A definição do que vai ser ensinado e supostamente aprendido não envolve uma simples escolha baseada nos aspectos psicológicos do educando (níveis de desenvolvimento já alcançados), como defendem as propostas convencionais do componente. Decidir quais conteúdos ensinar, explica Gimeno Sacristán (2000, p. 150), implica abordar, discutir e refletir a respeito de todas as determinações que recaem sobre a instituição educativa em geral e o currículo em específico, lembrando que existem diferenças entre as intenções e "os conteúdos reais implícitos nos resultados que os alunos obtêm" .

Há quem detenha o poder de selecionar o que será ensinado (órgãos centrais do sistema educacional, editoras de materiais didáticos, agentes externos, equipe gestora ou professores, conforme o caso) e determine o que se espera que os alunos aprendam. Via de regra, os conteúdos de ensino são concebidos como conhecimentos retirados da cultura acadêmica, distribuídos em disciplinas e transpostos, de modo didático, para a assimilação dos estudantes. Numa perspectiva crítica, os conteúdos de ensino oriundos da cultura acadêmica comumente divulgam aspectos preconceituosos acerca das minorias silenciadas ou ausentes do currículo, e contribuem para a manutenção da hegemonia dos grupos empoderados (APPLE, 1999).

Tema: neste estudo, denominamos como tema a prática social de uma determinada manifestação corporal. Trata-se de recuperar o seu sentido original abordado por Paulo Freire na Pedagogia do Oprimido.

Escapando à lógica tecnicista, no currículo cultural da Educação Física os conhecimentos socializados advêm da tematização, o que inviabiliza qualquer previsão antecipada. Por essa razão, as atividades de ensino focalizam **temas**, e não conteúdos. Na abordagem de um determinado tema, os professores emaranham as próprias culturas corporais experienciais e as dos alunos com outros saberes (acadêmicos, do senso comum, populares ou pertencentes a outros grupos). No bojo dessa triangulação, obtém-se a produção de novos sentidos para as manifestações corporais tematizadas.

Não há degraus que organizem os temas de ensino no currículo cultural. Os esportes, as brincadeiras, as danças, as lutas e as ginásticas, desde que se considere a articulação supracitada podem ser estudados em qualquer etapa, nível ou ciclo de ensino. Como bem demonstrou Sousa Santos (2001), não há razão para que se façam distinções hierárquicas entre os **saberes acadêmicos** e os saberes populares. Um tema é legítimo e valioso quando emana da sociedade a qual serve e por ela é legitimado. Isso significa que todo e qualquer conhecimento pode fazer parte do currículo. Além disso, o trabalho pedagógico com os saberes dos docentes e discentes não deve ser visto apenas como percepção sincrética do mundo, tal como se todos fossem ingênuos.

Opondo-se ao que reza a maioria das cartilhas, o currículo cultural da Educação Física não recorre a taxonomias nem tampouco a gradações para distribuição dos conhecimentos. Não há um tema mais fácil e adequado à Educação Infantil ou mais complexo para o Ensino Médio. O futebol, por exemplo, tanto interessa às crianças da Educação Infantil, como às do 4º ano do Ensino Fundamental. Essas crianças também se envolvem nos trabalhos com o hip-hop, balé, brincadeiras e judô. O jogo de queimada, as modalidades ciclísticas ou as danças eletrônicas são abordadas, no segundo ciclo do Ensino Fundamental, e a capoeira é tematizada nos anos iniciais, finais e também no Ensino Médio.

Ora, conforme o grupo social, as experiências culturais corporais são disponibilizadas diferentemente e, mesmo no interior dos grupos, elas ocorrem de forma muito variada. Tanto as famílias socializam suas crianças em um emaranhado cultural corporal específico quanto os jovens usufruem inúmeras oportunidades para acessar os conhecimentos vinculados às manifestações corporais.

Seja pelos meios de comunicação, local de moradia, tradições grupais, experiências formalizadas ou oportunidades de lazer, as pessoas constroem e reconstroem constantemente seu patrimônio corporal.

> **Saberes acadêmicos:** conteúdos tradicionalmente privilegiados como objetos de ensino no campo da Educação Física, que dependem das suas propostas curriculares. Bracht (2007) restringe-os à atividade física, movimento e cultura corporal.

RELATO 03

Ao chegar à instituição de ensino e preparar as aulas, alocadas nos últimos horários do turno, pude apreciar as práticas dos alunos em momentos fora da sala de aula, como o intervalo do lanche e alguns momentos durante troca de aulas. Comecei a observar, nesses momentos, que alguns grupos escutavam uma música no celular e dançavam. Identifiquei, indagando, por meio de conversas, que se tratava de música eletrônica, o psy.

> **RELATO 08**
>
> Surgiram muitos locais como o próprio quintal de suas casas, academias de natação, de lutas e ginástica; o Jardim Botânico, onde se praticam caminhada e corrida; o Zoológico de São Paulo, citaram o passeio noturno (muito caro e nenhum deles fez, até hoje); o Parque do Ibirapuera (eles têm fácil acesso, pois existe um ônibus que os leva até lá, gratuitamente, aos finais de semana. Por este motivo, mesmo não se localizando nos arredores da escola, como propus inicialmente, considerei relevante, pois foi citado. Lá, eles andam de bicicleta, skate, patins, patinete, caminham e jogam futebol); o Centro Cultural próximo à escola onde são oferecidas gratuitamente aulas de judô, capoeira, balé e boxe; a balada que ocorre na escola em alguns sábados do ano, no período da tarde, em que eles dançam alguns ritmos como psy, funk, axé e pagode; a festa junina da escola, citando a quadrilha; e completaram o trabalho acrescentado 2 quadras, 2 parquinhos e 1 pista de skate que não são muito utilizadas nos arredores da escola. Com as respostas dos alunos, organizamos uma lista das atividades que eles praticam ou gostariam de praticar fora da escola, além das danças, brincadeiras e outras manifestações corporais. As lutas foram citadas diversas vezes e percebi um interesse muito grande por parte dos alunos por essa manifestação. Uma das turmas "pegou fogo" quando definimos a manifestação corporal que seria estudada. Um dos motivos que me motivou a definir essa manifestação foi o fato de que esses alunos ainda não haviam tido acesso a ela nos anos anteriores, o outro foi o fato já citado, de que essa manifestação é muito praticada nesse bairro, em cursos oferecidos por ONGs, por alguns pais de alunos que são mestres de capoeira, e em eventos organizados pela igreja dos quais alguns alunos têm oportunidade de participar.

Na perspectiva cultural, os participantes assumem a autoria curricular. Obviamente, professores e alunos possuem responsabilidades e atribuições distintas. Enquanto os docentes selecionam o tema de estudo, organizam as atividades de ensino, conduzem o processo e interpelam os estudantes, estes, com seu repertório, interpretações e posicionamentos pessoais e coletivos, reconstroem os conhecimentos veiculados, conferindo-lhes novos significados, sugerem, alteram, propõem e enriquecem as aulas, participando ativamente de variadas formas.

Essa forma de proceder parece corroborar os posicionamentos de Lopes e Macedo (2010), para quem o processo de construção de uma disciplina em uma determinada escola exige a consideração dos contextos sócio-histórico-cultural, institucional e biográfico, ou seja, o currículo é sempre condicionado por fatores internos e externos.

SUGESTÕES DE LEITURA

CORAZZA, S. M. **Tema gerador:** concepções e práticas. Ijuí: Editora Unijuí, 2003.

GIROUX, H. Praticando Estudos Culturais nas faculdades de educação. In: SILVA, T. T. (org.) **Alienígenas na sala de aula:** uma introdução aos estudos culturais em educação. Rio de Janeiro: Vozes, 2008. p. 85-103.

McLAREN, P. **A vida nas escolas:** uma introdução à pedagogia crítica nos fundamentos da educação. Porto Alegre: Artmed, 1997.

REFERÊNCIAS BIBLIOGRÁFICAS

APPLE, M. W. **Poder, significado e identidade:** ensaio de estudos educacionais críticos. Porto: Porto Editora, 1999.

BRACHT, V. **Educação física & ciência:** cenas de um casamento (in)feliz. Ijuí: Editora Unijuí, 2007.

FREIRE, P. **Pedagogia do oprimido**. Rio de Janeiro: Paz e Terra, 2005.

GIMENO SACRISTÁN, J. O que são os conteúdos de ensino. In: GIMENO SACRISTAN, J.; PEREZ GOMEZ, A. I. **Compreender e transformar o ensino**. Porto Alegre: Artmed, 2000.

LOPES, A. C.; MACEDO, E. O pensamento curricular no Brasil. In: LOPES, A. C. e MACEDO, E. (orgs.) **Currículo:** debates contemporâneos. São Paulo: Cortez, 2010. p. 133-149.

NEIRA, M. G.; NUNES, M. L. F. **Educação física, currículo e cultura**. São Paulo: Phorte, 2009.

SOUSA SANTOS, B. Dilemas do nosso tempo: globalização, multiculturalismo e conhecimento, entrevista concedida a L. A. Gandin e A. M. Hypolito, **Educação e Realidade,** v. 26, n.1, p. 13-32, 2001..

8

Mapeamento

Construir um currículo cultural da Educação Física implica a seleção das manifestações corporais que serão estudadas no decorrer do período letivo. A tomada de decisão sobre o tema se dá a partir do mapeamento do patrimônio cultural corporal disponível na comunidade, em conformidade com o que defende o multiculturalismo crítico e a teorização curricular da Educação Física (NEIRA e NUNES 2006, 2009a e 2009b).

Mapear quer dizer identificar quais manifestações corporais estão disponíveis aos alunos, bem como aquelas que, mesmo não compondo suas vivências, encontram-se no entorno da escola ou no universo cultural mais amplo. Mapear também significa levantar os conhecimentos que os alunos possuem sobre uma determinada prática corporal. Não há um padrão ou roteiro obrigatório a ser seguido, durante o mapeamento, os professores empreendem variadas atividades.

> **RELATO 04**
>
> Como ponto de partida para a elaboração do projeto, fez-se necessário mapear o local em que a escola está situada, para assim iniciar o planejamento com base nos dados do local e poder inseri-lo nos trabalhos diários. Mapeada a região, percebe-se que no entorno da escola existem muitos espaços públicos e privados em que as manifestações corporais são contempladas pela população e, em muitos destes, as lutas estão presentes. Outro aspecto importante para que possamos entender a razão da escolha das lutas como foco do projeto desenvolvido, foram os objetivos do plano de ensino. Um deles era o de ampliar e aprofundar o repertório de conhecimentos sobre as lutas presentes em nossa sociedade. Como vimos, a região possui algumas academias e outros lugares para a prática das lutas.

> **RELATO 14**
>
> Ao chegar à escola, decidi mapeá-la, conhecer quem são nossos alunos, quem são os professores, as relações que acontecem dentro da escola, a comunidade, conhecer um pouquinho mais sobre quem eram os alunos que aqui estavam, qual era a cultura da comunidade. Durante esse mapeamento que não parou, ainda continua, eu percebi que era muito forte a dança neles. Isso eu percebia durante o intervalo, durante as aulas, eles cantavam.

> **RELATO 13**
>
> Nas primeiras semanas do ano letivo de 2010, com turmas das 4as séries, propus a elaboração de mapas que caracterizassem todas as práticas corporais constatadas no percurso que os alunos realizam de casa até a escola. Tendo por objetivo identificar o patrimônio cultural corporal disponível nas circunvizinhanças da escola, a atividade consistiu em observar as manifestações corporais (ou os ambientes em que elas acontecem) durante o período de uma semana e realizar o registro com bastante cuidado,

indicando as brincadeiras, lutas, danças, ginásticas e esportes verificados, seus praticantes e, se possível, algumas de suas características. No primeiro final de semana, também fiz meu próprio mapeamento, utilizando uma máquina fotográfica para registrar minhas descobertas. Para definirmos o início do nosso percurso curricular do período que se iniciava, reunimos todas as informações coletadas para analisá-las coletivamente. Também relembramos as manifestações corporais que foram tematizadas nos anos anteriores e selecionamos, a partir dos mapas elaborados, aquelas que ainda não haviam sido estudadas, mas despertavam a curiosidade dos alunos e se mostravam propícias para o alcance dos objetivos educacionais da unidade escolar e da Educação Física.

RELATO 09

Para iniciar o trabalho, realizei o mapeamento do entorno da escola que ofereceu informações acerca dos espaços físicos existentes, onde seria possível desenvolver trabalhos pedagógicos. Localizei três campos de futebol, o clube Sesi e uma praça recentemente inaugurada com pista para caminhada, quadra e brinquedos para crianças, como balanço, gaiola e escorregador. É possível encontrarmos uma maior concentração de moradores utilizando esses espaços nos finais de semana.

RELATO 10

Nesse projeto, eu fui buscar nas crianças, na escola e no entorno, fui buscar o que elas faziam, que práticas corporais tinham, mas principalmente como se relacionavam, porque a escola vinha apresentando muitos problemas de convivência, de respeito, essas coisas. Isso estava dentro do projeto.

> **RELATO 07**
>
> Para a escolha da manifestação corporal capoeira, considerei alguns fatores que nortearam o projeto: Primeiro, os componentes curriculares, Português, História e Geografia, iniciariam um trabalho estudando os conhecimentos culturais da Cultura Africana que estavam presentes na apostila adotada pela escola no último semestre do ano. Segundo, durante todo o trajeto escolar, em nenhum momento, a turma estudou os conhecimentos deste grupo cultural no currículo da Educação Física. Terceiro, no semestre anterior, estávamos estudando outra manifestação corporal e, durante uma visita ao Centro Esportivo da Freguesia do Ó (CEFO) que fica no entorno da escola, os/as estudantes, ao verem algumas pessoas negras transitando por lá e alguns capoeiristas conversando antes do treino, proferiram palavras de preconceito como: "negro dá até nojo", "que são perigosos", "capoeira é coisa de macumba".

O levantamento mediante o contato direto com as turmas é outro instrumento eficaz na identificação das práticas corporais que acessam e do conhecimento sobre seus atores. Além da possibilidade de ampliar as informações obtidas durante a pesquisa do entorno, uma conversa aberta com os alunos confere maior visibilidade aos conhecimentos adquiridos no ambiente extraescolar sobre esportes, danças, lutas, brincadeiras e ginásticas.

> **RELATO 08**
>
> Optei por iniciar o processo de mapeamento, fixando uma folha de papel pardo na lousa e questionando os alunos a respeito de todos os locais que eles conheciam nos arredores da escola nos quais se praticava algum esporte, dança ou luta.

RELATO 12

Durante as conversas em sala de aula e na quadra, percebi a empolgação que o tema Futebol Americano gerava na turma, pois, muitos alunos viajam constantemente para os Estados Unidos e têm experiências e vivências muito fortes com a cultura norte-americana. Alguns alunos e alunas já moraram no país, fizeram intercâmbio ou passaram períodos para estudar a língua.

RELATO 14

Também, a partir dos questionamentos, das perguntas que eram feitas para eles, sobre quais eram as manifestações mais próximas deles, da casa, do bairro, eu decidi trazer o *hip-hop*.

RELATO 02

Conversando com os alunos em sala de aula e no espaço da quadra, percebi uma preocupação muito grande em torno das pressões e tensões que aconteciam às vésperas do vestibular. As dúvidas, as insatisfações e os caminhos a seguir. Dentre os incômodos e questionamentos que afligem os alunos, era comum ouvir: "Qual carreira vou seguir?", "Vestibular não é fácil!", "Eu quero uma faculdade particular, é mais fácil!", "Meus pais não deixam prestar pedagogia, que saco!", "Faço o cursinho no ano que vem. Se entrar, entrou", "Não vou passar no vestibular", "O colégio pressiona muito!", "Meus pais pressionam muito!", "Minha mãe cortou minhas baladas", "Fui mal no Enem" e muitas outras frases e discursos verificados nas rodas de conversas. Os alunos alegavam que precisavam fazer atividades que relaxassem as tensões do dia a dia. O desgaste era muito grande. Questionei quais atividades poderiam se encaixar. Quais atividades corporais poderiam ajudar. Fizemos uma lista que fui anotando na lousa: relaxamento, tai chi chuan, meditação, alongamento, dança indiana, Pilates, RPG (reeducação postural global), *yoga*, massagem, musculação, bike, skate...

O olhar atento às culturas que orbitam no universo escolar é a característica mais marcante do mapeamento. As informações recolhidas com os alunos constituem elementos fundamentais para dimensionar o tema de estudo e as possibilidades que esse estudo apresenta para desenvolvimento das aulas. Informações que, sem dúvida, minimizam a incidência de improvisos e uma eventual descaracterização das atividades de ensino previamente elaboradas (NEIRA, 2009).

Os professores têm melhores condições para organizar seu plano de trabalho com base na análise dos dados garimpados. Escolhida a prática corporal, empreendem um novo mapeamento. Dessa vez, procuram reunir os conhecimentos que os alunos possuem sobre uma determinada manifestação, a fim de caracterizar o tema a ser estudado.

RELATO 11

Para o mapeamento dos saberes sobre o futebol, organizei questionamentos como: É possível jogar futebol na escola? Qual é esporte praticado na escola que mais se assemelha com o futebol? Os alunos responderam que não é possível jogar na nossa escola como se joga no campo, mas poderíamos fazer algumas adaptações. Identificaram o futsal como o esporte praticado que mais se aproxima ao futebol, estabelecendo semelhanças e diferenças entre ambos. Relataram: "possuem o mesmo objetivo que é fazer gol", "pode-se fazer gol com a mesma parte do corpo", "o uniforme é parecido, só a chuteira difere", "falta na área é pênalti" "também é diferente o espaço utilizado, a gente joga futebol no campo e futsal na quadra", "no futebol, a trave é maior", "a bola é maior", "as regras em geral são diferentes, o número de jogadores, no futebol, são onze, no futsal, são cinco", "no futebol só pode haver três substituições e no futsal não há limite", "o tempo de jogo no futebol é de quarenta e cinco minutos, no futsal sabemos que é menor" e "no futebol, a cobrança de lateral é com as mãos, no futsal, é com os pés".

> **RELATO 03**
>
> Então, optei por começar um mapeamento dos saberes sobre o *psy*, ou seja, investigar quais conhecimentos os alunos possuíam sobre o assunto. Iniciei esse processo com apreciação de um vídeo com cenas retiradas do Youtube, de pessoas dançando o *psy* e alguns outros estilos os quais sabia que alguns alunos praticavam, como samba de gafieira, forró, balé, tango, break e funk. A atividade seguinte implicava responder individualmente às seguintes questões: Que estilos de dança você reconhece no vídeo? Quem as pratica? Quais os locais de prática? Citem outros estilos de dança que não apareceram no vídeo e que vocês praticam ou conhecem As danças apresentadas possuem semelhanças? E diferenças? Quais vocês identificam? A partir das respostas de alguns alunos sobre outros estilos que não foram contemplados no vídeo como: "não apareceu o *psy* e sim o *rebolation, jumpstyle*; constatei que, dentro da música eletrônica, além do *psy*, há vários estilos de dança também vivenciadas pelos alunos, os quais eu não conhecia como *rebolation, shuffle, jumpstyle*. Passei a buscar mais informações sobre eles.

> **RELATO 14**
>
> Nós fomos abrindo uma conversa, um diálogo sobre o que eles conheciam do *hip-hop*. Eu precisava conhecer quais eram esses saberes. É muito legal porque ao falar, ao trazer a sua experiência, o grupo de alunos aprende com suas diferenças; um aprende com o outro. Um conhece um elemento do *hip-hop*, que o outro não conhecia, um teve uma vivência maior, conhecia um cantor, grupo de *rap* ou de dança e nós fomos validando essas experiências. Nesse primeiro momento, eu fui registrando essas falas, essas aulas e planejando outras.

> **RELATO 07**
>
> Na aula seguinte, o objetivo foi problematizar a capoeira e tentar identificar qual era a representação que eles possuíam sobre essa manifestação corporal. Antes da aula, elaborei algumas perguntas e, em roda de conversa, eles foram levantando a mão e respondendo. Aqui destaco algumas delas que nortearam a discussão: "O que é capoeira para você?", "O que você sabe sobre esta manifestação corporal?", "Qual é o grupo que pratica e quem são essas pessoas para você?", "Onde se pratica no seu bairro?" e "Você conhece algum capoeirista?".

Como se observa, no currículo cultural da Educação Física o ponto de partida das atividades de ensino é prática social da manifestação em foco. O mapeamento dos conhecimentos provoca a emersão das representações que os alunos possuem sobre as manifestações culturais que constituem a própria identidade. O mapeamento é a porta de entrada para a diversidade na escola, questão de honra quando se almeja um projeto educacional sensível às diferenças.

Em certo sentido, o mapeamento também se configura como a primeira ocasião para leitura e interpretação dos gestos e dos discursos disseminados sobre as práticas corporais. O futebol, as danças eletrônicas e o hip-hop são práticas sociais e, como tal, criam-se e recriam-se por quem delas participa e pelos discursos sobre elas emitidos.

Os referenciais dos Estudos Culturais e do multiculturalismo crítico, ao inspirarem o currículo cultural, ajudam a questionar as narrativas que vinculam o futebol à cultura popular; as danças eletrônicas aos consumidores de entorpecentes; o hip-hop aos maloqueiros; e a capoeira à escravidão. Discursos como esses apenas contribuem para perpetuar a assimetria social.

Se aceitarmos que o patrimônio cultural corporal encontra-se imerso num emaranhado de significados, ler e interpretar os códigos veiculados com relação às manifestações corporais constitui uma ação didática fundamental, base da necessária crítica cultural. Moreira e Macedo (2001) enxergam na crítica cultural uma via para analisar as identidades, criticar mitos sociais que subjugam determinados grupos, gerar conhecimento baseado na pluralidade e construir um ambiente solidário em torno dos princípios da liberdade, prática social e democracia.

A organização de atividades de leitura das práticas corporais proporciona as condições necessárias para a crítica cultural.

> **RELATO 08**
>
> Fazendo uma relação com as lutas praticadas em forma de esporte com o objetivo de levá-los a refletir a respeito dos pontos em comum com as praticadas nos desenhos, questionei sobre o que havia em comum entre as duas manifestações, e fui registrando na lousa. As respostas foram: "Em ambas se usa um tipo de roupa próprio para a prática", "Em ambas se utilizam armas", "Alguns movimentos", "Faixas e cores de roupa diferentes para indicar os mais habilidosos".

> **RELATO 07**
>
> Como iniciamos o estudo da manifestação pela Capoeira Regional, trouxe para a sala como atividade de ensino, uma análise do filme "Capoeira Iluminada", que conta a história de Mestre Bimba, um capoeirista que viveu na Bahia, e que, por volta de 1930, adicionou elementos de outras lutas à capoeira que se praticava na época, dando origem à Capoeira Regional. Nesse processo de criação, surgem sequências de golpes para o treino, diferentes toques de berimbau e outras formas de graduação. O filme também traz algumas informações sobre a chegada do negro no Brasil, suas dificuldades, e um pouco de sua trajetória no início do século XX. Antes de começar a leitura do filme, organizei algumas perguntas para serem respondidas a partir dessa análise: "Qual é a ideia central do filme?", "Localize, no filme, diferentes discursos sobre religião", "Por que a Capoeira Regional foi criada e como Mestre Bimba fez isto?", "Qual é a justificativa que Mestre Acordeon apresenta sobre o instrumentos na roda de Capoeira Regional?", "Como é a vestimenta dos capoeiristas na roda de Capoeira Regional?", "Quais eram as dificuldades que os negros tinham na época para sobreviver?", "Como os negros chegaram no Brasil?", "Você consegue identificar, durante o jogo de capoeira, outros tipos de golpes que ainda não foram praticados durante as aulas?".

Mediante a leitura da prática corporal objeto de estudo, os alunos analisam sua configuração e posicionamento no tecido social, bem como a dos seus representantes (procedimentos, características da prática, regras, técnicas, táticas, participantes, recursos necessários, localização etc.); o modo como ocorre; como é representada pelos próprios alunos ou por outros grupos culturais; quais os discursos pronunciados sobre ela etc. Esse modo de proceder dá visibilidade a uma multiplicidade de aspectos que remetem os alunos à análise da existência cotidiana daquela manifestação cultural, sendo necessário recorrer a conhecimentos de outras áreas para adquirir uma noção da complexidade das relações sociais que assolam as práticas corporais e seus representantes.

A problematização desencadeada pelas leituras das manifestações corporais, primeiramente, possibilita aos alunos o acesso às representações dos colegas (conhecimentos relacionados à manifestação corporal objeto de estudo). Em seguida, mediante a proposição de determinadas atividades de ensino e levando em conta o esforço dos alunos para sanar as dúvidas que surgem diante de um fenômeno ainda não compreendido, é possível ampliar as interpretações acerca do tema estudado.

O currículo cultural adota uma concepção metodológica dialética nos mesmos moldes da pedagogia freireana (CORAZZA, 2003). No diálogo aberto, o exercício da argumentação dos sujeitos que dele participam garante que as posições diferentes tenham iguais condições de serem ouvidas. Ao dialogar sobre a prática social de um esporte, uma dança, ginástica, brincadeira ou luta, num primeiro momento, os alunos externam seus conhecimentos de forma difusa e sincrética. Em seguida, a problematização fomenta análises cada vez mais profundas e o acesso a outros olhares/saberes, possibilitando a construção de sínteses pessoais e coletivas.

A leitura crítica das lutas pode, por exemplo, dar vazão às relações de poder baseadas no gênero. As leituras da capoeira talvez façam emergir questões relacionadas à etnia e à religião. Questões étnicas provavelmente serão levantadas a partir do trabalho com algumas modalidades esportivas. No trabalho envolvendo esportes radicais, certamente eclodirão temáticas com relação às condições de vida nas grandes cidades e ao acesso dos grupos com menor poder econômico e faixa etária.

Essas vertentes e muitas outras podem ser problematizadas pelos professores em diversos momentos do trabalho. Problematizar é uma postura pedagógica imanente ao currículo cultural da Educação Física. Implica destrinchar, analisar, abordar inúmeros conhecimentos que, por meio de uma **etnografia** rigorosa, permitem compreender melhor não só a manifestação em si, como também, aqueles que a produziram e reproduziram.

A problematização implica um constante desvelo da realidade percebida. É um esforço permanente por meio do qual as pessoas passam a perceber como as coisas estão no mundo (MIZUKAMI, 1986). Quando problematiza os temas da cultura corporal, o currículo se transforma em um espaço de crítica cultural (MOREIRA e MACEDO, 2001), no qual se propicia o questionamento sobre tudo que possa ser "natural e inevitável". A ideia é colocar em xeque e permitir novos olhares sobre aquilo com que usualmente lidamos de modo acrítico.

O professor deve permanecer atento às relações embutidas na trajetória e organização da manifestação corporal tematizada, procurando ajudar os alunos a interpretá-las e desvendar quais identidades são legitimadas e/ou negadas. Ou seja, problematizar o que é identidade e o que é diferença na prática corporal sob análise. Nessas circunstâncias, podem indagar acerca das condições assimétricas de poder veiculadas nas questões de gênero, etnia, consumo, local geográfico e faixa etária, entre outros aspectos visíveis ou não, que caracterizam a manifestação em pauta.

Etnografia: originariamente, é um método utilizado pela antropologia para recolher dados. Concebida como ação didática do currículo cultural da Educação Física, a etnografia significa aproximar-se das práticas corporais e colocar uma lente de aumento na dinâmica das relações e interações que constituem o seu funcionamento, para tentar entender como operam os mecanismos de dominação e de resistência, de opressão e de contestação, além do papel e a atuação dos praticantes.

RELATO 08

Com o objetivo de aprofundar o debate acerca das relações de poder, questionei a respeito do "poder" de quem tem dinheiro na nossa cultura. Algumas crianças afirmaram que quem tem dinheiro "tem sim" maior poder, e que o ideal era lutar para ter também, ao passo em que outras disseram que isso não tinha importância. A partir desse debate de ideias, expliquei que tudo o que eles assistem tem o objetivo de passar alguma mensagem, assim, eles puderam refletir a respeito dessas mensagens e se colocaram: "O objetivo desses desenhos é fazer com que a gente seja vaidosa", "Fazer a gente ir para o shopping", "Mostrar que devemos defender as pessoas mais fracas". Ampliei o debate lembrando que, algumas vezes, há um interesse por parte da mídia em fazer valer alguns valores como o do consumismo de alguma marca ou de determinado produto e que isso interfere diretamente no modo como nos vestimos, comemos ou até como vemos o mundo. A partir dessas ideias postas, fizemos uma relação com o projeto de sustentabilidade que faz parte do Projeto Pedagógico da escola e que foi desenvolvido com os alunos, que visa, dentre outras coisas, à redução do consumo em excesso.

RELATO 07

Após a saída pedagógica, depois de entregarem a resenha e de serem questionados no trajeto de volta à escola com um bate-papo sobre o filme dentro do ônibus, identifiquei que eles/as já estavam começando a relacionar os saberes adquiridos no projeto com questões mais amplas que envolviam a situação do negro na época da escravidão e suas condições de trabalho no momento atual.

RELATO 14

A partir daí a gente tentou fazer um paralelo com a vida social deles, e a gente passou a fazer um trabalho de leitura, para despertar esse olhar no aluno, fazer a leitura crítica dessas manifestações. Nós fomos lendo e interpretando as letras das músicas, o que essas letras diziam, o que estava por trás dessas letras, dessas músicas. Foi possível perceber os protestos, a indignação, a revolta e o preconceito que esses grupos sofriam até pela própria polícia.

RELATO 04

Além do que, nas vozes ouvidas, percebia-se a diferença entre meninos e meninas durante as aulas. Enquanto os homens exercem papéis de virilidade, masculinidade e força, as mulheres assumem posições secundárias a determinados assuntos, como o das "lutas", por exemplo. Os discursos são formados em condições patriarcais, em que as mulheres são consideradas como o "sexo frágil", aptas a realizarem funções de dona de casa ou, no caso das aulas, preferem práticas ditas como femininas: brincar de boneca ou de pega-pega. A diferença estava ali marcada. Apesar de assistirmos muitas mulheres que resistem a essa identidade serem consideradas masculinizadas.

Em meio ao processo de desmantelar as forças ideológicas, os docentes empregam a etnografia como forma de conferir aos alunos e a si próprios a condição de etnógrafos. Dessa forma, professor e estudantes debruçam-se na leitura e interpretação dos múltiplos aspectos envolvidos na prática cultural corporal objeto de estudo. A execução satisfatória da etnografia exige que todos os envolvidos realizem investigações individuais ou coletivas.

RELATO 03

Após algumas vivências das danças eletrônicas, ao questionar as diferenças entre *psy*, *rebolation* e *jumpstyle*, percebi que as explicações eram insuficientes. Diferenciavam os movimentos básicos, mas a maioria não soube explicar se o *psy* era semelhante ao *rebolation* e expor mais informações sobre os grupos que praticavam cada estilo. Para ampliar o estudo da manifestação corporal, apresentei uma gravação do programa "Pé na Rua" que explicava algumas diferenças entre esses estilos e o grupo descobriu mais um o qual não conhecia, o *tecktonic*. Assim, solicitei que fizessem uma pesquisa e busquei outros vídeos sobre o *tecktonic*.

RELATO 02

No final da aula pedi para que pesquisassem as práticas de *yoga* (academias, institutos, clínicas...) que havia no bairro. Primeiramente faríamos um levantamento de dados do bairro e, depois, discutiríamos em aula quais estratégias utilizaríamos para a pesquisa em campo. Falei para utilizarem Internet, jornais e revistas. Enfim, a mídia em geral. A leitura, a escrita e a oralidade entrariam como ferramentas importantes na metodologia das aulas futuras. Mais uma aula e iniciamos discutindo o que eles tinham pesquisado sobre o bairro. Houve algumas falas, mas nas aulas seguintes iríamos aprofundar mais as descobertas. Agora o mais importante era estabelecer estratégia para as visitas aos locais que eles pesquisaram. O que fariam lá? Iriam em grupo? Fariam relatório? Como aconteceria? Depois de conversarmos, es-

> tabelecemos alguns pontos em comum para as visitações. As visitas podem ser em grupo ou individuais. Anotar os detalhes da academia ou espaço. Horário de funcionamento, funcionários, ver uma aula, conversar com o responsável. [...] Talvez até fazer uma aula. A turma ficou muito motivada com a proposta. [...] Começamos com alguns alunos expondo suas pesquisas e descobertas. O Arthur começou falando da origem do *yoga*: "O *yoga* tem 5.000 anos de história e o nome de seu criador foi Shiva, deus indiano". Arthur falou também do hinduísmo como a religião preponderante na Índia a qual reunia a diversidade filosófica dentro de uma unidade cultural. Comentou sobre as vestimentas que os indianos usam. As mulheres com cabelos presos. Outro aluno falou da veneração aos deuses indianos. Apontaram também o bairro Vila Madalena como um local esotérico repleto de espaços, clínicas e institutos de atividades orientais. Segundo alguns, "Um bairro cabeça!" Um bairro multicultural e de classe alta". Pensei: "Eles não são de classe média/alta também?".

Os materiais resultantes das etnografias configuram "textos" para serem lidos e interpretados durante as atividades de ensino. O professor e o grupo discutem suas impressões sobre os dados coletados e intercambiam pontos de vista, confrontando-os com as próprias experiências realizadas nas aulas ou em outras esferas. Buscam desvendar os múltiplos aspectos ainda encobertos num primeiro olhar, o que significa empreender uma leitura bem mais profunda, possibilitando outras interpretações.

À medida que o professor se embrenha no trabalho etnográfico, melhora sua compreensão sobre a prática pedagógica enquanto atividade de análise social e cultural, desfetichização, crítica e oposição. Durante o processo, descobre as forças construtoras tais como códigos linguísticos, signos culturais, ações movidas pelo poder e ideologias incrustadas e com isso aprende a investigar, ensinar e pensar criticamente (KINCHELOE e STEINBERG, 1999). Na condição de educador multiculturalmente orientado, o professor que estuda e se envolve na produção de conhecimentos remodela sua vida profissional, dá novos nomes ao seu mundo e desafia as forças que tradicionalmente colonizam os currículos.

As manifestações do poder têm sido motivo de muitas tensões no âmbito educativo, não somente no que se refere ao controle dos recursos financeiros, institucionais, políticos, ideológicos e da comunicação, como também no controle das representações da realidade. Quando as marcas impostas discursivamente às práticas corporais são transformadas no centro das atenções nos projetos didáticos, os docentes se deparam com representações hegemônicas.

Quando, por exemplo, o currículo cultural da Educação Física empreende a análise dos estilos de dança eletrônica acessados pelos alunos ou investiga as academias que promovem a prática de yoga; viabiliza-se, aos jovens escolares, uma melhor compreensão das próprias danças e seus adereços, como também conhecimentos sobre as pessoas que frequentam as aulas de yoga.

Docentes e estudantes, ao indagarem os fatores que envolvem essas manifestações na sociedade contemporânea, desvelam um emaranhado de relações de poder baseadas em interesses variados. O debate no interior do currículo denuncia as forças empregadas pelo poder para legitimar determinadas representações divulgadas socialmente.

A investigação do processo de formação social de uma prática corporal, o contexto histórico e político e seu entendimento enquanto ação de legitimação, manutenção das condições sociais desiguais, resistência ou transgressão, concede tanto ao docente quanto aos estudantes informações pertinentes para a análise crítica dos processos de validação ou subordinação que marcam as relações de poder. As ações didáticas que caracterizam o currículo cultural da Educação Física criam condições para que os alunos situem as práticas corporais na trama das relações sociais que as envolvem, viabilizando as condições necessárias para aprender sobre as possibilidades de produção de novas práticas de resistência e afirmação.

O currículo cultural da Educação Física desvela as noções de poder que atravessam as práticas corporais por meio de marcadores sociais como hegemonia, gênero, classe social, racismo e faixa etária. Tão importante quanto a vivência corporal do tema de estudo é a leitura e interpretação das relações sociais nele imbricadas. Seja qual for a prática corporal, docentes e alunos têm em mãos um texto profícuo ao debate, haja vista a variedade de inter-relações com conotações étnicas, de gênero, classe social e cultura que as brincadeiras, danças, lutas, ginásticas e esportes adquiriram em diferentes contextos. Na opinião de McLaren

(1997), a análise histórica constitui-se em posicionamento didático. Afinal, conforme argumentam Kincheloe e Steinberg (1999), nem o racismo, nem tampouco o preconceito de classe ou gênero são princípios fixos. Pelo contrário, configuram fenômenos contraditórios cuja forma se modifica constantemente em função das alterações de estruturas políticas e econômicas.

SUGESTÕES DE LEITURA

FREIRE, P. **Pedagogia do oprimido**. Rio de Janeiro: Paz e Terra, 2005.

GARCIA, R. L. Currículo emancipatório e multiculturalismo: reflexões de viagem. In: SILVA, T. T.; MOREIRA, A. F. B. (orgs.) **Territórios contestados**. Rio de Janeiro: Vozes, 2001. p. 114-143.

MOREIRA, A. F. B.; CANDAU, V. M. **Indagações sobre currículo:** currículo, conhecimento e cultura. Brasília: MEC/SEB, 2007.

REFERÊNCIAS BIBLIOGRÁFICAS

CORAZZA, S. M. **Tema gerador:** concepções e práticas. Ijuí: Editora Unijuí, 2003.

KINCHELOE, J. L.; STEINBERG, S. R. **Repensar el multiculturalismo**. Barcelona: Octaedro, 1999.

McLAREN, P. **Multiculturalismo crítico**. São Paulo: Cortez, 1997a.

MIZUKAMI, M. G. N. **Ensino:** as abordagens do processo. São Paulo: EPU, 1986.

MOREIRA, A. F. B.; MACEDO, E. F. Em defesa de uma orientação cultural na formação de professores. In: CANEN, A.; MOREIRA, A. F. B. (orgs.) **Ênfases e omissões no currículo**. Campinas: Papirus, 2001.

NEIRA, M. G. O ensino da Educação Física na Educação Básica: o currículo na perspectiva cultural. In: MOREIRA, E. C. (org.). **Educação física escolar:** desafios e propostas. 2. ed. Jundiaí: Fontoura, 2009b.

NEIRA, M. G.; NUNES, M. L. F. **Pedagogia da cultura corporal:** crítica e alternativas. São Paulo: Phorte, 2006.

_____. **Educação física, currículo e cultura**. São Paulo: Phorte, 2009a.

_____. **Praticando estudos culturais na educação física**. São Caetano do Sul: Yendis, 2009b

9

Ressignificação

No que tange às vivências corporais multiculturalmente orientadas, sua característica distintiva com relação às demais propostas do componente é a prática acompanhada de leitura e interpretação. Diante das condições que diferenciam a prática social da manifestação no seu locus original e a realidade da escola (número de alunos, espaço, tempo, material disponível etc..), os docentes estimulam o grupo a elaborar novas formas de praticar o esporte, lutar, brincar, dançar e fazer ginástica, com a intenção de facilitar a compreensão da plasticidade da cultura e do processo de transformação vivido por quase todos os produtos culturais.

As peculiaridades de cada grupo e de cada escola são consideradas por ocasião da reconstrução coletiva da prática corporal objeto de estudo, proporcionando aos alunos uma experiência bastante concreta da dinâmica cultural. Apesar da relevância das vivências corporais como ponto de partida para análise situacional e remodelação das práticas, a participação dos alunos enquanto leitores e intérpretes da gestualidade, sugerindo modificações é tão relevante quanto a execução propriamente dita. Essas posições alternaram-se ao longo das atividades de ensino.

RELATO 09

No encontro seguinte já com as bicicletas, perguntei se tinha alguém que não sabia andar de bicicleta. Todos afirmaram saber, porém um dos alunos, embora afirmando que sabia, não quis andar. Pedi que dessem uma volta no parque para que eu pudesse observar o quanto de segurança eles tinham ao andar. Como tínhamos apenas oito bicicletas tivemos de fazer um revezamento. Enquanto um grupo andava, o outro observava. Essa observação passiva se deu no primeiro encontro; nos subsequentes, os que não estavam andando registravam as suas impressões ou teciam comentários sobre o seu desempenho e sobre o que sentiram durante a atividade. Fomos aumentando o tempo e adotando a mesma dinâmica com os grupos que observavam.

RELATO 05

A leitura e a interpretação dos gestos presentes nos vídeos nos ajudaram a alimentar as nossas práticas, pois os alunos com pouca experiência nessa dança usaram muitos movimentos vistos nos filmes para a construção da sua forma de desafiar os colegas. [...] Na escola, as práticas de dança continuavam e muitos alunos relatavam que estavam assistindo clipes para conhecer mais passos e movimentos. Foi nesse momento que pensei em filmar as nossas danças para que os alunos pudessem observar a gestualidade, o que estavam tentando dizer com aqueles movimentos, o que não estava de acordo com as suas representações, o que poderíamos mudar, enfim precisávamos ler as nossas práticas, assim como havíamos lido os filmes trazidos pelos alunos, no início do trabalho. Realizamos a filmagem dos nossos desafios e, a partir da leitura do nosso vídeo, algumas questões foram levantadas: "as meninas não estão dançando"; "os movimentos estão muito simples"; "precisamos provocar mais, desafiar mais". Com esse material em mãos, e com os estudos que continuei fazendo com a colega que também havia filmado os seus alunos, resolvemos fazer uma troca desses vídeos. Isto é, os meus alunos assistiram ao vídeo gravado na EMEF Nova Osasco, e os alunos dela assistiram os vídeos gravados na EMEF Jardim Educandário. Essa atividade contribuiu muito para a leitura da prática do *hip-hop* por parte dos alunos. As observações feitas por eles ampliaram o olhar para essa manifestação. Algumas observações: "eles realizam os desafios em duplas, nós realizamos em grupos" (como havíamos visto nos filmes), "eles usam outro estilo musical, o *psy*", que segundo os meus alunos não servia para realizar desafios de break, "eles fazem muitos movimentos da ginástica", "as meninas dançam muito mais do que as meninas da nossa escola". Após assistirmos esses vídeos, retomamos nossas práticas, mas com o formato visto no vídeo dos alunos de Osasco e algumas duplas optaram pelo *psy* como música para realizar o seu desafio. Depois desse novo formato de desafios, agora em duplas, assistimos a um vídeo com o campeonato mundial de *b-boy*s, no qual as batalhas são realizadas em duplas. Nesse vídeo a presença do brasileiro Pelezinho empolgou bastante os alunos, que passaram a perguntar quem era ele, o que ele fazia, como fizera para estar naquele campeonato. Logo depois, realizamos a leitura de um texto sobre o *b-boy* Pelezinho, no qual ele relatava as dificuldades que passou e os preconceitos que sofre por ser um *b-boy*.

RELATO 04

Continuando o projeto, distribuí a turma em duplas pela quadra e entreguei-lhes uma ficha com diferentes golpes do judô, para que conhecessem mais a respeito da luta, e solicitei que realizassem uma leitura do texto e das imagens (as fichas, todas diferentes, continham o nome e desenho de duas pessoas realizando um golpe de judô). A atividade proposta consistia em analisar o golpe e descrever sua técnica. Para tanto, precisariam "imitar". Após explicarem e vivenciarem os golpes, as duplas realizaram uma apresentação para explicar como era o golpe e qual seu nome. Expliquei que, na maioria das vezes, o nome do golpe de judô equivale ao gesto/movimento que está sendo feito. Nessas fichas, os nomes dos golpes eram todos em japonês. Isso causou certo "burburinho" entre as crianças, pois não conheciam muito a respeito da língua japonesa, além do que algumas palavras em japonês traziam conotações engraçadas no modo como eram pronunciadas.

RELATO 10

Apresentei algumas possibilidades de vivenciar os movimentos da capoeira e sugeri que tentássemos fazer as sequências que o Mestre propôs na década de 1930. Seguimos com essa proposta até o final da aula. Na roda de conversa, sugeri que refletissem sobre o nome dos movimentos: martelo, benção, arpão, armada, negativa, queixada, meia lua de frente, meia lua de compasso, aú, entre outros. Vivenciamos como funcionava a escola de capoeira de Mestre Bimba, na qual, após as sequências, os alunos jogavam ao som do berimbau, para depois participarem da formatura, recebendo seus lenços, o que se assemelhariam às cordas e cordões utilizados hoje em dia, que seria mais bem abordado na capoeira contemporânea.

Ora, se a maioria das manifestações da cultura corporal atravessou um longo percurso de transformações desde o seu surgimento, a vivência desse processo constitui experiência pedagógica da maior relevância. Os alunos podem vivenciar as práticas corporais nos espaços disponíveis da escola ou, conforme o caso, no seu entorno, e serem estimulados a reinventá-las, experimentar novos formatos e avaliar coletivamente a eficácia das próprias produções.

Os estudantes envolvidos no estudo do futebol americano, por exemplo, foram até a quadra para vivenciarem o arremesso, movimento característico do esporte. O professor retomou algumas especificações sobre as regras, os materiais e as vestimentas que a turma descobriu mediante pesquisas anteriores: bola diferente, jogadas, regras, o que é um touchdown, o posicionamento dos jogadores (defesa e ataque) e as dimensões do campo. Distribuídos em grupos, vivenciaram os arremessos e comentaram: "O arremesso é muito diferente". "A bola vem de bico". "Não dá para segurar". Constatando a dificuldade, o docente fez intervenções para explicar que a bola deveria flutuar. Esclareceu que o flutuar da bola no momento do lançamento é muito diferente do gesto feito no handebol, prática muito frequente no colégio. Apontou também que a quadra mede apenas 30 m de comprimento por 15 m de largura e que o campo de futebol americano possui, em média, 120 m por 60 m. O ato de agarrar a bola e o deslocamento foram discutidos. Os alunos experimentam formas alternativas de direcionar o passe.

Na aula seguinte, os arremessos foram retomados e o professor sugeriu a reconstrução do jogo em função das condições da quadra. Surgiram novas regras: 1) Troca de passes sem deixar a bola cair, caso contrário, a bola passaria para a outra equipe; 2) Só poderiam correr com a bola dentro da área de futsal. No restante dos espaços, deveriam trabalhar o passe; 3) O objetivo do jogo era passar com bola pela linha de fundo; 4) Cada jogada recebia uma determinada pontuação.

Combinadas as regras, teve início o jogo misto. Inicialmente com dois pequenos grupos e, aos poucos, todos entraram. Um fato interessante que ocorreu durante os jogos foi o momento de amontoar para fazer o touchdown. O professor observou que as meninas empurravam muito. Esperavam que o choque acontecesse e depois ajudavam a empurrar para fazer o ponto. Durante as partidas, os estudantes se reuniam em grupos para discutir esquemas táticos e reorganizar a distribuição dos jogadores. Combinaram quem seriam os defensores e os atacantes, modificaram regras consideradas ruins e criaram novas jogadas. Nos dizeres do professor, "as vivências corporais foram muito boas com integração, respeito e ampliação de movimentos".

A partir daí, todos os dias, o jogo elaborado na aula anterior era analisado e sofria modificações. Os alunos estabeleceram uma forma de chutar para vencer o bloqueio e entrar na linha de fundo. A situação acontecia quando alguém entrava na área de futsal e era bloqueado, gerando o amontoado. Se o amontoado permanecesse sem definição da jogada, a equipe defensora poderia pedir a falta. A alternativa encontrada foi o chute em direção ao gol ou à tabela de basquete, cada qual com uma pontuação diferente. Acertar na tabela valia mais pontos. Os arremessos de longa distância também recebiam pontuação.

Dessa maneira, o jogo se configurou como um novo texto. O docente percebeu alterações significativas na forma de jogar, a ocorrência de negociações para mudar as regras, ampliações de esquemas táticos e novos posicionamentos na quadra. Dentre as jogadas marcadas, destacou-se que o melhor arremessador iniciava as jogadas ou fazia lançamentos. Os alunos e as alunas mais fortes se posicionavam na defesa, enquanto os mais rápidos, no ataque. A adaptação à bola melhorou visivelmente. Antes, os estudantes passavam e recebiam com dificuldades; com o tempo, a técnica ficou mais apurada.

Outra ilustração de reescrita da prática corporal transcorreu durante um trabalho com o futebol. Estava em curso o Campeonato Paulista da série A-1, organizado pela Federação Paulista de Futebol. A ocorrência em paralelo possibilitou um estudo aprofundado, entre outros elementos, dos sistemas de jogo, organização da tabela e regras oficiais mediante a leitura e discussão dos conteúdos veiculados pela imprensa especializada. As análises desencadeadas fizeram com que os alunos refletissem sobre a inadequação do sistema de jogo adotado pelas equipes participantes do torneio oficial à realidade escolar. Assim, após muitos estudos, análises e tentativas, criaram o campeonato de "Fusbol" com regras e sistemas táticos próprios, além de uma distribuição peculiar dos jogos durante a competição.

A tabela e as regras foram expostas em um grande mural. Os alunos que não jogaram, atuaram como técnicos, fazendo observações e, durante os intervalos, instruíram os colegas. Alguns atuaram como mesários. Os resultados foram registrados em um quadro branco, nos mesmos moldes da classificação do Campeonato Paulista. Os comentários dos alunos reverberam os resultados da experiência. "Achamos bem legal a participação das meninas, e os meninos deixarem as meninas jogarem, o que é raro aqui na escola. As pessoas que não jogaram ficaram de técnicos". "Foi ótima a inclusão das meninas nos jogos, porque foi uma relação importante para o desenvolvimento da escola num todo". "Foi uma experiência interessante jogar com as meninas no time, mas, ao mesmo tempo, foi difícil". "O torneio foi muito bom, teve a participação de todos, até das meninas que nunca jogaram; teve muita rivalidade entre as salas, os meninos querendo ser artilheiros e as meninas querendo fazer seus gols". "Foi a primeira vez que jogamos com os meninos sem preconceitos". "Os jogos foram ótimos sem brigas, as torcidas foram boas". "Foi legal as meninas jogarem, as salas se respeitaram". "Estava na hora da gente ter o nosso campeonato". Sob influência dos Estudos Culturais, Neira e Nunes (2006) denominam esses processos de ressignificação.

Ressignificar implica atribuir novos significados a um artefato produzido em outro contexto com base na própria experiência cultural. Tal como descrito nos relatos apresentados aqui, trata-se de posicionar os alunos na condição de sujeitos históricos e produtores de cultura, em condições semelhantes ao que ocorre em grande parte das experiências humanas. Na vida cotidiana, a atribuição de novos significados a objetos, posturas, discursos, conceitos etc. é algo constante. Pode-se flagrar o fenômeno em inúmeras ocasiões. A ressignificação não tem qualquer controle, pois não há como pressupor quais serão os significados atribuídos quando os sujeitos se deparam com os artefatos culturais oriundos de outros grupos.

Aceita essa premissa, não deixa de causar estranheza os objetivos das propostas curriculares tecnicistas da Educação Física. As tentativas de fixar técnicas corporais consideradas corretas ou comportamentos socialmente valorizados só podem levar à aceitação passiva, transgressão ou legitimação. Obviamente, a legitimação ocorre desde que os alunos partilhem dos mesmos referenciais culturais que lhes são apresentados.

As manifestações da cultura corporal foram produzidas em um contexto sócio-histórico-político específico com determinadas intenções, sentidos e significados, porém, com o passar do tempo, ressignificaram-se, sofrendo inúmeras transformações em virtude da inter-relação com a cultura.

Apesar do exposto, a ressignificação não é uma regra geral. Um grupo cultural movido por variadas intenções ao travar contato ou apropriar-se de um artefato pertencente a outro poderá ressignificá-lo ou não. As alterações das condições sociais levam os sujeitos a recriarem o produto original, visando readequá-lo para que seja apreendido pelos participantes do processo. Nessa movimentação, comunicam-se significados que são recebidos, reprocessados e recodificados. García Canclini (2009) retira qualquer caráter inocente da ressignificação ao denunciar a presença de relações de poder que favorecem aqueles que dispõem de maior força para modificar o significado dos objetos.

Elementos inicialmente constituintes do futebol americano praticado pela Liga Profissional norte-americana, podem ser ressignificados pelos estudantes brasileiros, o que contribui para que as representações iniciais sobre o esporte sejam alteradas. As brincadeiras conhecidas e praticadas de uma determinada forma pelas crianças no ambiente extraescolar, quando traduzidas para o interior da instituição, recebem novos significados, pois, sendo outros os praticantes e as condições, os significados atribuídos sofrem modificações. O mesmo ocorre com a organização do torneio escolar de futebol. O resultado final nada mais é do que uma ressignificação do seu formato oficial. Como se nota, a ressignificação das práticas corporais é uma característica do currículo cultural.

O currículo cultural da Educação Física analisa as razões que impulsionam as modificações das práticas corporais e, consequentemente, dos seus significados. Nessa operação, os fatores relativos às questões de etnia, classe social, cultura e gênero são obrigatoriamente iluminados e, como tarefa didática, tanto o docente quanto os estudantes exercitam a ressignificação da manifestação corporal, analisando-a e adaptando-a ao contexto sociocultural no qual se encontram.

Para García Canclini (2009), é importante descrever como cada grupo se apropria dos produtos materiais e simbólicos alheios e os reinterpreta. O excerto destaca a mudança de significado do pular corda, quando passou de um sistema cultural (feminino, extraescolar) a outro (masculino, escolar), ao inserir-se em novas relações sociais e simbólicas. Como se nota, o que está em jogo são as relações de poder entre os grupos (HALL, 2003). Enquanto aqueles que desfrutam de condições socialmente favoráveis negligenciam ou dissimulam o valor dos produtos culturais alheios, os grupos subordinados se apropriam das práticas sociais hegemônicas, acessando sua linguagem em busca de reconhecimento.

O currículo cultural da Educação Física apropria-se dessa dinâmica e valoriza, no decorrer das aulas, a experimentação dos diversos formatos das manifestações corporais conhecidas pelos alunos, bem como oferece condições para que experimentem todas as alterações possíveis, a fim de que possam vivenciar diferentes papéis sociais e elaborar seus próprios produtos culturais.

RELATO 08

A próxima atividade consistiu em "dar vida" ao movimento a partir da posição estática, realizando o golpe como eles imaginavam que poderia ser. Durante os "ensaios" dos grupos, observei que os alunos extrapolaram o que eu havia solicitado, o que é habitual, criando movimentos a partir das figuras. Sendo assim, orientei para que criassem, em duplas, movimentos de ataque e defesa, de qualquer natureza, da forma que quisessem. A finalização da aula se deu com uma roda na qual os alunos apresentaram seus movimentos para o grupo. Nas apresentações dos alunos pude notar que eles reproduziam movimentos diferentes daqueles golpes que estavam ilustrados nas fichas ou até movimentos usuais em lutas esportivas. Era mais uma mistura desses golpes com um "toque" deles, a interpretação dos alunos, utilizando, inclusive, armas "imaginárias" com efeitos sonoros. Ao serem questionados sobre a origem desses golpes e armas, eles citaram alguns desenhos animados, filmes e games, lembrando que esses desenhos já haviam sido citados anteriormente e que esses alunos, em especial, faziam uma relação muito grande entre os desenhos e as lutas.

RELATO 13

No início do processo de tematização da capoeira convidei os alunos e alunas a relatarem ou expressarem corporalmente seus conhecimentos sobre essa manifestação corporal brasileira. Em grupos, combinaram suas ações e, seguindo uma agenda de apresentações organizada pelos estudantes, cada grupo expôs suas vivências para a turma.

Por meio de um percurso não linear, os alunos ressignificam os esportes, as lutas e as danças, elaborando e reelaborando, à sua maneira, as técnicas corporais conhecidas ou criando outras. Ora mantêm o sentido original, ora alteram-no, assumindo a condição de sujeitos produtores de cultura. A constatação do processo, quando interpretada a partir dos Estudos Culturais, reafirma o currículo cultural como prática de significação.

O currículo cultural da Educação Física enfatiza a leitura da gestualidade implícita nas manifestações corporais. Tenciona promover a interação coletiva, a reorganização e a discussão de outras possibilidades de vivência, sempre acompanhadas da devida interpretação. Corroborando a ótica de Neira e Nunes (2009), é possível dizer que foram valorizadas as diversas formas de expressar e comunicar uma determinada manifestação cultural, e explorada a diversidade com base no repertório coletivo da linguagem corporal.

> **RELATO 04**
>
> Como até o momento, não tinha proposto nenhuma vivência corporal, permanecendo apenas no campo das ideias, propus uma ida à quadra para realizar algumas experiências. Perguntei-lhes como era a luta de judô, o que achavam que acontecia. Solicitei que formassem grupos e que cada grupo tentasse realizar uma luta de judô ao seu modo.

> **RELATO 05**
>
> Essas atividades, que realizamos para que os alunos fizessem as leituras das danças realizadas por vários grupos sociais, homens, mulheres, crianças, campeonato mundial, vídeos caseiros, enfim todas essas formas de se dançar o *break*, possibilitaram aos alunos uma modificação daquela dança, isto é, eles passaram a produzir as próprias formas de dançar o *break* de acordo com o entendimento que tiveram sobre aquela prática. Nessa dança produzida pelos alunos, valia realizar movimentos de outros ritmos, mímicas, movimentos da capoeira e das ginásticas, sempre com a intenção de um diálogo entre os seus praticantes.

Vivenciar, ler e interpretar as práticas corporais são atividades de difícil condução e desenvolvimento. Logo, a consecução da proposta de acordo com os pressupostos que a subsidiam (NEIRA; NUNES, 2006) depende de um esforço conjunto do professor e dos alunos para ressignificar a pedagogia do componente há muito arraigada.

Ao valorizar as atividades de ressignificação, o currículo da Educação Física favorece a construção de identidades democráticas por meio da troca entre alunos, entre alunos e professor, da aceitação das diferenças e do respeito ao outro. Os indivíduos se reconhecem e se diferenciam a partir do outro, por isso, as atividades devem possibilitar a participação, independentemente das características individuais. Essas considerações reverberam as ideias de Sayão (2002), quando afirma ser pedagogicamente relevante a oportunidade de construir e reconstruir os aspectos que norteiam a cultura corporal.

SUGESTÕES DE LEITURA

BRASIL. Ministério da Educação, Secretaria de Educação Básica. **Ensino fundamental de nove anos:** orientações para a inclusão da criança de seis anos de idade. Brasília: MEC/SEB, 2007.

CANDAU, V. M.; MOREIRA, A. F. B. (orgs.) **Multiculturalismo:** diferenças culturais e práticas pedagógicas. Petrópolis: Vozes, 2008.

SÃO PAULO (SP). Secretaria Municipal de Educação. Diretoria de Orientação Técnica. **Orientações curriculares e proposição de expectativas de aprendizagem para o ensino fundamental:** ciclo II. Secretaria Municipal de Educação – São Paulo: SME/DOT, 2007.

REFERÊNCIAS BIBLIOGRÁFICAS

GARCÍA CANCLINI, N. **Diferentes, desiguais e desconectados.** Rio de Janeiro: Editora UFRJ, 2009.

HALL, S. **Da diáspora:** identidade e mediações culturais. Belo Horizonte: UFMG; Brasília: Representação da UNESCO no Brasil, 2003.

NEIRA, M. G.; NUNES, M. L. F. **Pedagogia da cultura corporal:** crítica e alternativas. São Paulo: Phorte, 2006.

_____. **Educação física, currículo e cultura.** São Paulo: Phorte, 2009.

SAYÃO, D. Corpo e movimento: notas para problematizar algumas questões relacionadas à educação infantil e à educação física. **Revista Brasileira de Ciências do Esporte,** Campinas, v. 23, n. 2, p. 55-67, jan. 2002.

10

Aprofundamento e ampliação

A prática pedagógica do currículo cultural da Educação Física mostra-se ainda mais peculiar quando se organizaram atividades de ensino para aprofundar e ampliar os conhecimentos (NEIRA, 2009). Aprofundar, aqui, significa conhecer melhor a manifestação corporal objeto de estudo. Procurar desvelar aspectos que lhe pertencem, mas que não emergiram nas primeiras leituras e interpretações.

Ampliar, por sua vez, implica em recorrer a outros discursos e fontes de informação, preferivelmente, àqueles que trazem olhares diferentes e contraditórios com as representações e discursos acessados nos primeiros momentos. As atividades de ensino voltadas para o aprofundamento possibilitam um entendimento maior dos significados comumente atribuídos à prática corporal objeto de estudo: visitas aos espaços onde a manifestação cultural acontece no seu formato mais conhecido, aulas demonstrativas com estudantes praticantes, análise e interpretação de vídeos, leitura e interpretação de textos pertencentes aos diversos gêneros literários, realização de pesquisas orientadas previamente, entre outras.

Ao problematizarem determinados aspectos da manifestação corporal, as situações mencionadas promovem desafios que estimulam os estudantes à busca de respostas e a uma melhor compreensão da prática social em foco. Os conhecimentos veiculados e a duração dos trabalhos variam em função das características do tema, dos posicionamentos dos alunos e do nível de aprofundamento provocado.

O interesse pelas temáticas corresponde às experiências culturais dos alunos e as atividades de ensino sofrem influência das condições da escola, do trabalho docente e das características da manifestação cultural em foco. Enquanto certos temas provocam grande curiosidade e necessidade de saber mais, o que leva os professores a elaborarem mais atividades de ensino e reorientarem suas ações didáticas, outros comportam possibilidades de enriquecimento mais limitadas.

Os aspectos destacados pelos alunos ou pelo professor durante o aprofundamento fomentam novas vertentes de análise, vivências e pesquisas. Nesse caso, tanto o olhar dos estudantes sobre as práticas corporais tematizadas, como também seus níveis iniciais de conhecimento são enriquecidos.

RELATO 09

Para organizar as minhas ações didáticas, decidi dividir o trabalho em quatro eixos temáticos, por entender que essa divisão estava dada nas falas dos alunos. Com essa divisão, não pretendi estabelecer nenhum limite, até porque a tematização sugere uma abertura da nossa escuta e da nossa atenção em relação ao leque de informações e de conhecimentos sobre o assunto estudado, que vai se construindo no decorrer do processo. É como uma teia que, ao ser tecida, vai aumentando o seu tamanho, sendo impossível determinar de que tamanho ficará. Os eixos temáticos ficaram assim: bicicleta encontrada nas academias (saúde), parques (ludicidade, exercício), ruas (como meio de transporte) e no esporte. A partir dessa organização, buscamos investigar as várias possibilidades que estas duas rodas poderiam nos oferecer para além do esporte e verificar como se comportam as pessoas que usam esse equipamento, como por exemplo, quais as características que as identificam.

RELATO 03

Na continuidade das atividades, os alunos leram um texto sobre o estilo *psy*, que explicava como as primeiras *raves* aconteciam, como as músicas eram tocadas, quais eram os propósitos iniciais. Foi o mote para discutir as transformações nos equipamentos, que passaram do vinil a aparelhos de som e luzes digitais com diversos efeitos especiais. Em relação aos propósitos iniciais das *raves*, segundo o texto, os alunos puderam verificar que se tratavam de uma forma de resistência e busca de paz, ligada a um estilo alternativo, diferentemente de algumas festas atuais divulgadas pela mídia e frequentadas geralmente pela classe média. Em outra turma do 8º ano, entramos em uma breve discussão de como algumas festas de música eletrônica viraram um mercado lucrativo, dando como exemplo a criação da marca registrada do *tecktonic* e a participação de artistas remunerados.

RELATO 04

Pedi então, que duas crianças fossem ao centro e demonstrassem como era a luta de judô. Dois meninos se prontificaram a realizar a prática. No centro do "combate", empurraram-se, agarraram-se, chutaram-se, enquanto os demais permaneciam observando. Pedi para que parassem para podermos entender o que estava acontecendo e, nisto, o aluno Cristiano disse que aquilo não era judô. Pedi que explicasse melhor como era o judô. Ele foi ao centro acompanhado de um colega e realizou um determinado movimento, que consistia em segurar a pessoa pelos braços e passar uma rasteira para poder derrubá-la. O Cristiano contou à turma que já praticara judô havia algum tempo, porém, não sabia muito mais do que aquele movimento que havia demonstrado. Nesse instante, solicitei que as crianças realizassem o movimento, a fim de sentirem como é realizado um golpe de judô. Entretanto, não sabíamos o nome daquela técnica nem como deveria ser feita, simplesmente coloquei-os em ação e em confronto a partir dos conhecimentos que o Cristiano trouxe à turma

Para além das atividades de aprofundamento, o currículo cultural recorre também à ampliação. A elaboração de uma rede de conhecimentos acerca do tema estudado, procedimento fundamental para a superação da visão sincrética inicial e construção de uma reflexão crítica, é o principal objetivo da ampliação. As atividades de ampliação priorizam perspectivas de análise raramente acessadas pelos alunos. Dentre as diversas possibilidades, destacam-se as entrevistas ou conversas com pessoas com uma história de vida marcada pela prática da manifestação, leitura de textos argumentativos, assistência a documentários, comparação entre variados pontos de vista dos estudantes e do educador, análises de notícias, participação em eventos, explicações de convidados e contato com artefatos alusivos às práticas corporais. As atividades de ensino voltadas para a ampliação procuram confrontar os conhecimentos culturais inicialmente disponíveis com outros, estimulam o contato com discursos diferentes e enriquecem as leituras e interpretações realizadas.

RELATO 13

Fiz contato, inicialmente, com escolas e professores de Organizações Não Governamentais do município, mas, dada à dificuldade de acertar parcerias, convidei um capoeirista de outra região para um momento de troca de experiências com os alunos. Os alunos ficaram entusiasmados com a proposta. Organizamos previamente alguns questionamentos que seriam feitos para o convidado, também combinamos de ouvir atentamente o que ele diria sobre suas experiências e que durante e após a visita registraríamos seus ensinamentos. No dia agendado, o capoeirista explicou com detalhes sua visão sobre a capoeira, fazendo alusão ao seu significado enquanto artefato da cultura corporal brasileira. Destacou seu aspecto de resistência à opressão durante o período escravocrata e as várias mudanças que a capoeira sofreu nas últimas décadas. Obviamente, também organizou uma roda da qual participaram muitos alunos e alunas, que, juntos, cantaram e jogaram. Como aspecto digno de nota, nosso convidado mencionou que ensina capoeira em uma instituição que atende pessoas com deficiência intelectual. Essa foi uma menção bastante importante para reforçar a ideia de que não devem existir barreiras de qualquer espécie para o acesso aos bens culturais.

RELATO 12

Após várias aulas de discussão, conversei com o professor de Física que joga rúgbi e pedi se ele poderia conversar com os alunos a respeito das regras, da bola e do arremesso. A minha intenção era confrontar as regras do futebol americano e do rúgbi e mobilizar conhecimentos da Física no ato de arremessar do futebol americano. Por que a bola é oval? A questão da velocidade da bola. Os choques no jogo. A corrida dos jogadores. Assim, os alunos teriam um olhar da mecânica do movimento e suas leis naturais. Após analisar os movimentos do arremesso e esclarecer dúvidas, o professor explicou sobre as diferenças de vestimentas nos dois esportes, o que achava da questão sobre a violência nas manifestações, como é o rúgbi no Brasil e no cenário internacional, e apontou as diversas curiosidades acerca do rúgbi.

RELATO 10

Então como combinado, alguns alunos foram aos dois dias de evento de um grupo de capoeira em Barueri, no centro de convenções, onde foram apresentadas danças folclóricas e ocorreu o batizado de capoeira. Estavam presentes capoeiristas de diversos estados, entre eles, um contramestre de Goiânia, responsável pelo grupo em São Paulo, visto que o mestre do grupo atua em *New Jersey*, Estados Unidos. Após o evento, foram realizadas as entrevistas e o material foi apresentado em aula, posteriormente.

RELATO 07

Discutimos as informações extraídas do filme e de cada grupo, apresentamos suas buscas, socializamos os golpes durante algumas vivências práticas e proporcionamos, na sala de informática, situações em que os/as estudantes puderam jogar capoeira em um jogo disponível

> na Internet que se chama Fight 3. Durante essa atividade de ensino, percebi que aqueles/as alunos/as que tinham maior dificuldade em participar da aula no momento da roda, tiveram uma participação menos discreta nesse ambiente virtual. Posteriormente, passamos a ouvir algumas músicas de capoeira, já que foi identificado, por eles/as, que sua prática se realiza com um som característico e com músicas que relatam a trajetória dos capoeiristas, seus feitos e sua relação com a libertação dos negros na época da escravidão, assim como toques específicos que caracterizam a luta e o aviso, aos escravos, da chegada da polícia por meio do som do berimbau com o Toque de Cavalaria (toque que imita a chegada da polícia utilizando seus cavalos).

RELATO 14

> Foram pesquisar também. Reconheceram na comunidade alguns lugares que estavam marcados pelo grafite, a gente tentou aproximar isso deles também, fechamos com essa apresentação dos grupos, com um apresentando para o outro e a exposição dos trabalhos de grafite.

Guetização curricular: na ótica de Canen (2010), a guetização curricular refere-se à opção de determinados grupos por propostas que se voltam exclusivamente ao estudo do próprio patrimônio, impedindo o diálogo entre padrões culturais plurais.

No âmbito do multiculturalismo crítico, a ampliação pode ser compreendida da mesma forma que a hibridização discursiva defendida por Canen e Oliveira (2002, p. 64). A linguagem híbrida "cruza as fronteiras culturais, incorpora discursos múltiplos, reconhece a pluralidade e provisoriedade de tais discursos, implica uma reinterpretação das culturas, buscando promover sínteses interculturais criativas". Trata-se de entretecer as informações disponíveis com outros textos e evitar a **guetização curricular**, temor que assombra os docentes da área.

O emprego frequente de outros textos como recurso para ampliação dos conhecimentos implica também a submissão desses produtos à análise cultural (WORTMANN, 2007). Na perspectiva dos Estudos Culturais, um filme ou qualquer outro artefato cultural, ao falar sobre uma prática corporal, age na instituição e produção discursiva da manifestação narrada.

As concepções que perpassam os textos culturais acessados nas atividades de ensino são analisadas no sentido de expressarem pontos de vista do autor e do grupo cultural que representam. Com isso, a noção veiculada aos alunos é que qualquer conhecimento pode ser analisado como um produto histórico, pois contém nada mais do que uma interpretação elaborada num determinado momento (MIZUKAMI, 1986).

RELATO 06

Conversei com a Dona Edna, uma Assistente Técnica Educacional da escola, e perguntei se havia a possibilidade de ela nos ajudar, acompanhando esse momento, pois seriam duas turmas em um espaço muito amplo, como a quadra ou o pátio. Ela prontamente se disponibilizou. Ao explicar para ela sobre o que seria essa atividade, Dona Edna me disse que já havia praticado uma queimada chamada "céu e inferno" nas aulas de Educação Física quando frequentava a escola. Logo após essa colocação, perguntei a ela se poderia explicar essa queimada para as turmas durante a atividade logo após as suas discussões, caso houvesse interesse pelas crianças. Destaco que foram duas turmas de cada vez para realizar essa atividade e que todas as turmas socializaram as suas queimadas entre si.

RELATO 05

Iniciamos a nossa vivência com o basquete de quadra, utilizando as regras vistas no filme. O jogo praticamente não aconteceu, pois, a todo o momento, era paralisados por alguma infração às regras. Em seguida, praticamos o *streetball* com as próprias regras da modalidade e o jogo também não teve um bom andamento. Os alunos diziam: "No *streetball* precisamos fazer manobras com a bola e nós não estamos conseguindo"; "O jogo está igual ao basquete de quadra, pois ninguém consegue fazer manobras com a bola". Na aula seguinte, levei um vídeo, com várias manobras, retirado da Internet. Em alguns vídeos, as pessoas ensinavam a fazer a manobra e, em outros, só demonstravam. Esse vídeo ajudou bastante na construção das mano-

> bras com a bola de basquete e, durante algumas aulas, essas tentativas eram realizadas antes dos jogos. Mesmo após algumas aulas, esse jogo não acontecia muito bem por conta das dificuldades apresentadas com relação às regras. Nesse momento, fizemos algumas modificações nas regras que permitissem que o nosso *streetball* acontecesse. Esse novo formato possibilitou que os jogos ficassem mais interessantes para os alunos e mais próximos do que eles entendiam como o *streetball*. Gravamos um novo vídeo, desta vez, com as manobras do *streetball* que cada aluno conseguiu fazer ou criar, no formato de apresentação, como os vídeos vistos na nossa aula.

Dentre os procedimentos para colocar em ação o currículo cultural, as atividades de ampliação, para além de análises dos textos culturais, requisitam um nível elevado de organização e planejamento. Desde a formulação de questões para serem apresentadas ao convidado para a entrevista, até a preparação para uma atividade externa com previsão de debate coletivo no retorno à escola, passando pela procura de vídeos que possam desestabilizar as representações dos alunos.

Do currículo cultural, espera-se que as atividades que objetivam aprofundamento e ampliação, e que envolvem leitura das manifestações corporais, antecedidas ou não por vivências, proporcionem análises de cunho histórico, político, filosófico e sociológico. O acesso a uma noção mais ampla dos significados que circunscrevem as práticas corporais apresenta um vínculo bastante estreito com o potencial que as atividades elaboradas pelos docentes possuem de transcender as dimensões meramente sensoriais. Advém daí a necessidade de elaborar com grande rigor as experiências pedagógicas.

Rompendo com a tradição curricular da Educação Física que atribui exclusividade às vivências corporais durante as aulas, o currículo cultural, fundamentado por multiculturalismo crítico, amplia o leque de atividades de ensino e recorre não somente a vivências, como também, à análise e à discussão dos diversos saberes relacionados às práticas corporais que se configuram como patrimônio cultural dos grupos que compõem a sociedade.

> **RELATO 14**
>
> Até para justificar a importância de a dinâmica das aulas ser assim. Porque a EF não era só quadra ou era de outra forma, aula livre – um dia, futebol, no outro, vôlei – porque era um projeto que tinha essa continuidade com um aprofundamento. E foi muito bacana que nesse dia que a gente fez a leitura desse processo de aprendizagem, uma aluna no fundo da sala falou: "Olha professor, nesse formato de aula eu aprendi muito e passei a entender também que o espaço das aulas de EF pode ser na biblioteca, na sala de informática, a gente vai pesquisar. Eu aprendi muito mais do que só vivenciar, só praticar. Talvez, se a gente estivesse só dançando eu ia aprender só a dança, eu não ia entender que, por muito tempo, os negros sofreram preconceito, e que foi por meio desse movimento da dança que eles expressavam suas ideias, seus sofrimentos".

A ação do currículo cultural consiste numa mobilização de recursos e conhecimentos múltiplos que estabelecem relações de diversas naturezas (DOLL, 1997), que dialogam com múltiplas formas de explicar o real, inclusive o senso comum (SOUSA SANTOS, 2001). O que torna possível afirmar que o conhecimento é tecido **rizomaticamente** (DELEUZE; GUATARI, 2000; LEFÈBVRE, 1983). A metáfora do rizoma faz com que o currículo cultural questione as fronteiras estabelecidas pela modernidade, as quais colocam o conhecimento científico de um lado e o conhecimento tecido nas esferas cotidianas da sociedade de outro (LOPES; MACEDO, 2010).

Tamanho conjunto de elementos e relações impossibilita a previsão de todas as condições do fenômeno educativo (atividades, respostas dos alunos, surgimento de novas ideias, modificações do contexto etc.), de modo a garantir um determinado percurso formativo. Daí atribuir-se ao currículo cultural um caráter aberto, não determinista, não linear e não sequencial; limitado e estabelecido apenas em termos amplos, que tecem a todo o mo-

---

Rizomático: do mesmo modo que o rizoma. Oposto à árvore, o rizoma não é objeto de reprodução: nem reprodução externa como árvore-imagem, nem reprodução interna como a estrutura-árvore. O rizoma é uma antigenealogia. É uma memória curta ou uma antimemória. O rizoma procede por variação, expansão, conquista, captura, picada. Oposto ao grafismo, ao desenho ou à fotografia, oposto aos decalques, o rizoma refere-se a um mapa que deve ser produzido, construído, sempre desmontável, conectável, reversível, modificável, com múltiplas entradas e saídas, com suas linhas de fuga (DELEUZE; GUATTARI, 2000, p. 32-33).

mento uma rede de significados a partir da ação e interação dos seus participantes.

> *Na medida em que o curso ou a aula progride, a especificidade se torna mais apropriada e é trabalhada conjuntamente – entre professores, alunos e texto. Este planejamento conjunto não só permite flexibilidade – utilizar o inesperado – como também permite que os planejadores se compreendam e compreendam o seu assunto com um grau de profundidade de outra forma não obtido (DOLL, 1997, p. 187).*

Contando com a riqueza de possibilidades provenientes dos alunos e do professor mediante os acontecimentos da aula, no currículo cultural da Educação Física, tendo em vista a dinâmica de auto-organização do sistema complexo caracterizado pela sala de aula, as intenções educativas, objetivos e propósitos são bem amplos antes do início de sua implantação para que, posteriormente, os caminhos se enriqueçam de infinitas maneiras.

RELATO 04

Diante de tantos questionamentos, trouxe aos alunos uma apresentação elaborada em power point sobre a história, a pontuação, as faixas, onde a luta era realizada, e alguns significados. Esses dados foram retirados de pesquisas que fiz na Internet, tanto na confederação brasileira de judô, como em outros sites referentes à prática. Nessa apresentação, alguns questionamentos referentes aos vídeos vistos na aula anterior começaram a ser respondidos. Contei a eles/as sobre a história do judô, como a luta foi criada e onde surgiu. Nesse momento comentei com as crianças que aquelas histórias são contadas de diferentes maneiras também, não há uma verdade propriamente dita quando se fala de histórias. Mesmo assim, achava pertinente trazer alguns conhecimentos sobre o judô, até para que as crianças acreditassem que as coisas ou as práticas que acontecem na vida e no cotidiano não são formas naturais, há sempre um contexto.

> **RELATO 07**
>
> Na semana seguinte, influenciados pelas experiências relatadas, ao chegar na sala de aula depois do primeiro encontro, um dos estudantes sugeriu que o grupo criasse uma música de capoeira. Mesmo que naquele momento a aula preparada fosse outra, percebi que seria importante a realização dessa criação e, depois de muitos ensaios, a música ficou assim: Refrão (2x), Faca de Ticum, Matou besouro voador, Mesmo sendo selado ele sentiu a dor / Quando ele era pequeno mestre Alípio lhe ensinou, a jogar capoeira, com fé e muito amor. / Refrão (1x) / Viu um besouro e logo se encantou, valente e ágil, foi assim que se tornou. / Refrão (1x). / Com meia-lua, besouro se defendeu, lutou contra os brancos e desapareceu. / Refrão (1x). / Besouro a capoeira se honrou, mostrou sua cultura e também o seu valor.

Nos momentos retratados nesses excertos, observa-se que a cultura e a realidade foram contestadas enquanto processo acabado e passaram a ser vistas como sentidos em permanente construção. Se a cultura é essencialmente dinâmica, é produção, criação e trabalho, a prática pedagógica multiculturalmente orientada é concebida como um processo de negociação cultural (CANDAU, 2008).

Por conseguinte, o currículo cultural de Educação Física mantém-se atento às diversas linguagens enquanto práticas de significação que comunicam e tornam inteligíveis as culturas que produziram e reproduziram as manifestações corporais. Compromete-se também com a investigação do contexto social de produção e das relações de poder que definiram os significados das práticas corporais no formato reconhecido pelos alunos, além do seu caráter de produção e criação.

RELATO 09

A partir dos resultados da pesquisa sobre o ciclismo realizada pela aluna Viviane e descritos num texto bastante objetivo, teve início uma ampla discussão sobre esse esporte. O trabalho trouxe fragmentos da história da modalidade e apresentou as quatro categorias de competição: provas de estrada, provas em pista, provas de montanha (*mountain bike*) e BMX. Para cada uma delas há um tipo específico de bicicleta. Viviane também contribuiu, apresentando as subcategorias da montain bike e as curiosidades do evento *Down Town* de Lisboa. As ideias veiculadas nos levaram a retomar à pesquisa do Henrique sobre o BMX e suas manobras, com destaque para a independência desse esporte com relação aos campeonatos e torneios oficiais. Ao final das exposições, esclareci os questionamentos dos alunos que pesquisaram, bem como dos colegas que acompanharam as apresentações.

RELATO 08

A partir da prática do sumô, na qual dois alunos se confrontam utilizando as mãos nos ombros do oponente para retirá-lo de um círculo previamente pintado no chão, foram surgindo, durante a aula, alguns exercícios de desequilíbrio propostos pelos alunos e por mim, como o confronto em quatro apoios, no qual o colega tenta desestabilizar o outro, retirando um dos apoios do chão; a desestabilização do oponente em pé, retirando uma das pernas do chão e a briga do saci, em apenas um apoio de pernas. A partir disso, os alunos puderam criar e testar novos movimentos e situações.

A forma com que os professores encadeiam as atividades assemelha-se a um jogo de capoeira. Neira e Nunes (2009) denominam "metáfora da capoeira" ao desenvolvimento de atividades de ensino a partir das questões que eclodem durante as aulas. O capoeirista não joga com base em uma sequência preestabelecida e memorizada. Os golpes surgem como resposta à gestualidade do oponente, o que faz do bom capoeirista um leitor atento do texto produzido pelo seu adversário. Quando a metáfora da capoeira se introduz como preocupação metodológica do currículo cultural, os estudantes e professores se inserem no modo capoeirista de ver e ser.

Enquanto metáfora, a capoeira inspira a pedagogia, ora no desenvolvimento das ações didáticas, ora no que tange às estratégias de pesquisa. Da mesma forma que o capoeirista se antecipa ao adversário e, prevendo seus golpes, o surpreende, o currículo cultural consegue avançar sobre antigas crenças e reorganizar a abordagem dos temas, a partir dos posicionamentos emitidos pelos estudantes, que têm como base as próprias experiências. O papel desempenhado por uma prática escolar amparada na "metáfora da capoeira" desencadeia outra visão de mundo, fundada na imaginação pedagógica e no compromisso social com a democracia e a justiça, pressupostos na elaboração de um currículo em sincronia com os novos tempos vividos pela sociedade contemporânea.

Em certo sentido, a metáfora da capoeira se aproxima do conceito de auto-organização que fundamenta a proposta curricular pós-moderna de Doll (1997, p. 183). O autor recomenda que se dedique atenção aos desvios de percurso. O que significa "dedicar tempo para dialogar seriamente com os alunos a respeito das ideias deles como ideias deles".

O que se vislumbra nos relatos docentes amplia as possibilidades da didática moderna. A "metáfora da capoeira" abre portas para uma pedagogia não prevista, mas sempre em construção. Tomada como forma de organizar as aulas, a "metáfora da capoeira" faz do planejamento um espaço participativo e imanente (DOLL, 1997). Não há processo prescritivo. Distinguindo-se de outras propostas curriculares existentes, o currículo cultural da Educação Física valoriza o constante borramento de fronteiras das pedagogias engessadas por métodos preconcebidos em condições controladas.

A "metáfora da capoeira" impossibilita qualquer referência ao planejamento antecipado de todo o processo educativo. A prévia elaboração de uma sucessão de atividades de ensino fará com que a prática pedagógica se apresente de maneira inescapável, nos moldes do "é assim e assim deve ser feito". Inversamente, o currículo cultural proporciona o diálogo constante e, desde que seja relevante para a ampliação dos significados mobilizados pelos alunos, a incorporação de novas temáticas é muito bem-vinda.

Não há qualquer problema se os conhecimentos adquiridos durante o trabalho pedagógico com uma determinada manifestação gerarem interesses por outra temática similar. Quando se problematiza um determinado marcador social identificado em uma prática corporal, o processo foge ao controle, pois não existe qualquer possibilidade de prever as interrogações que serão suscitadas. Pode-se dizer que o caminho adotado a partir daí é uma incógnita.

Os conhecimentos proporcionados pelo currículo cultural da Educação Física permitem aos alunos refletir sobre e ampliar o repertório construído pela inserção nos mais variados espaços de convívio paralelos à escola. O trabalho pedagógico contribui para questionar a forma com a qual os saberes acumulados consolidam um projeto de vida e fomentam a busca por outras formas. Todas as práticas corporais são compreendidas nos seus limites espaço-temporais sem discriminar seus formatos, nem tampouco são concebidas como expressões a serem imitadas e fixadas por todos indistintamente.

As danças juvenis, as brincadeiras urbanas atuais e do passado, as modalidades esportivas radicais e internacionais, as práticas corporais alternativas e as lutas brasileiras ou estrangeiras, mesmo que de menor visibilidade midiática, são tão legítimas quanto aquelas mais conhecidas e, por isso, devem ter resguardado seu lugar dentre as temáticas abordadas pelo currículo escolar.

Uma prática pedagógica fundamentada no multiculturalismo crítico e nos Estudos Culturais implica, obrigatoriamente, em "desatualizar" o presente, ou seja, coletar o vulgar, o trivial, aproximá-lo da luz e observá-lo a partir de outro ângulo para que sejam questionadas as representações dominantes. Isso requer a comprovação e o exame do que se ensina para descobrir o que está escondido no evidente (KINCHELOE; STEINBERG, 1999).

Observemos mais detidamente o trabalho narrado no Relato 07: uma coisa é saber que a capoeira é uma produção cultural do povo africano escravizado em terras brasileiras, outra, bem diferente, é compreender a escravidão, o que isso significou e ainda significa. Historiar a capoeira passa, necessariamente, pela compreensão da sua luta por reconhecimento enquanto manifestação identitária de uma população oprimida e os modos pelos quais ela foi e é assimilada pela cultura de massa. A ação pedagógica multiculturalmente orientada consiste, portanto, em afastar a capoeira e a escravidão das visões romanceadas comumente disseminadas pela mídia.

Com o mesmo sentido, não basta saber dançar o psy ou o break, lutar judô, jogar *street*ball, praticar yoga, fazer ginástica artística, efetuar manobras no *skate* ou jogar futebol americano, conhecer suas origens e identificar as técnicas que utilizam. Também é necessário compreender os significados contextuais que veiculam sem caricaturar ou discriminar os seus representantes. O currículo cultural da Educação Física promove ações didáticas interpeladoras para que os estudantes reconheçam o que levou uma determinada manifestação corporal a transformar-se ou ser discriminada, e a quem isso favoreceu ou favorece.

Não se trata de uma pedagogia que espera que os alunos se envolvam numa luta social distante de seu contexto ou que dissemina o ódio pelos dispositivos de representação em voga. O que se espera é a formulação de estratégias que possibilitem a transformação das condutas em relação aos grupos historicamente subjugados. Só assim, o currículo cultural pode alcançar o seu objetivo de formar identidades democráticas.

O início do processo é a sala de aula. Além da atenção às falas dos alunos no calor das discussões, ocasiões nas quais se manifestam posicionamentos e preconceitos, os docentes atentam, também, aos silêncios. Afinal, as identidades presentes na escola, por serem móveis, são passíveis de opressão.

RELATO 04

Enquanto os grupos dos meninos praticavam, agarrando, chutando, socando, as meninas permaneciam sentadas. Vale lembrar que, além da vivência, havia solicitado que escrevessem como organizaram suas lutas, quais movimentos realizaram e o que acontecia durante a prática, para que, depois, cada grupo pudesse explicar como foi que chegou à sua organização. Enquanto os meninos praticavam, as meninas permaneceram sentadas, algumas conversando sobre outros assuntos e outras tentando escrever sobre a luta de judô. Percebi que tinham certa dificuldade com o tema. Sentei-me ao lado delas, no chão da quadra, e começamos a conversar por que não estavam tentando realizar a prática. A aluna Jéssica assim se posicionou: "Isso é coisa de menino, prô!!! Menina não briga!!! Porque não brincamos de pega-pega?".

RELATO 02

Após a aula, solicitei à Márcia e à Joyce (outra aluna que fazia yoga havia pouco tempo e não quis se manifestar perante o grupo) se elas poderiam demonstrar algumas posturas e exercícios na próxima aula. A Júlia falou que não faria: "A Márcia mostra". Então, ficou combinado que ela mostraria. [...] No encontro seguinte, fomos para a quadra. Peguei um colchonete para cada aluno. Preparei alguns alongamentos no início da aula e aí a Marina assumiu junto com a Júlia. A Joyce estava nervosa.

RELATO 09

Por causa da existência de uma pista de *bicycross* nas proximidades da escola, (mais ou menos a uns trinta minutos de bicicleta, por isso não foi citado no mapeamento do entorno) propus um passeio ciclístico até lá, para podermos experimentar as sensações que essa modalidade proporciona. Aproveitei a reunião de pais para conversar sobre o passeio e solicitar autorização para ir até lá com os alunos. A experiência foi bastante interessante, não pela prática em si, mas pelo contato mais estreito com alguns alunos que, na maioria das vezes, não se expressam nas aulas e que, durante o passeio, revelaram-se, comentando que precisávamos fazer mais atividades desse tipo, que tinham vergonha de falar, mas que gostavam da dinâmica da aula, todos participam e dão suas opiniões, além de comentários mais pessoais.

Os silêncios dizem muitas coisas. A presença do saber subjugado, investigado por meio de uma manifestação, alia-se à presença das vozes oprimidas no cotidiano das aulas, possibilitando a ação concreta da transformação social. Ao articular as diferenças das manifestações investigadas com as identidades presentes na sala de aula, o currículo cultural propõe situações em que as vozes silenciadas do grupo possam manifestar-se e ser ouvidas (APPLE; BURAS, 2008). Seus conhecimentos, posições e sugestões merecem a mesma atenção que as vozes acostumadas à evocação no ambiente escolar.

É importante lembrar que qualquer conhecimento sempre enfrentará outras formas de conhecimento. As decisões tomadas em meio a essa luta repercutem entre os estudantes, em suas casas e na escola como um todo.

> **RELATO 14**
>
> Por muito tempo, eu percebia esse currículo marginalizado. Nós sofremos bastantes críticas no momento da vivência das aulas por causa de algumas músicas, e eu fazia questão de, no horário coletivo, frisar bem com as professoras que estávamos estudando o *hip-hop*, que era uma manifestação da cultura dos alunos, que essas eram as músicas que faziam parte da cultura deles e que era preciso validar e entender essa manifestação. Despir-se de um olhar preconceituoso. Entender o que aquela música significa, de onde surgiu, e que grupo era representado por ela. Isso ajudou bastante em respeito ao trabalho.

A ação docente desempenha um determinado papel político que acompanha, também, a produção de conhecimento. Shor e Freire (1986) e Bernstein (1998) incitam os professores a resistirem às pretensões "apolíticas" embutidas em alguns currículos, praticadas, por exemplo, na deferência com relação aos conteúdos incontestes, neutros, universais ou imprescindíveis. No que tange ao campo curricular da Educação Física, em trabalho anterior (NEIRA, 2006) identificamos esses procedimentos nas propostas que idolatram a aquisição de determinadas competências por meio de atividades motoras ou que promovem o ensino de conceitos de fisiologia e nutrição para a adoção de um estilo de vida ativo e saudável.

Diante da rejeição às posições impositivas adotadas pelos currículos mais conhecidos da área, é possível dizer que o currículo cultural da Educação Física posiciona docentes e alunos como produtores de conhecimento.

> **RELATO 08**
>
> A luta de dedos, que para mim foi surpresa já que não a conhecia, foi apresentada pelos alunos e consiste em dois oponentes que entrelaçam os dedos e tentam dominar o polegar do outro, imobilizando-o. Ao realizar uma pesquisa na sala de informática sobre essa modalidade, descobrimos que já estão à venda alguns acessórios próprios para a prática dessa modalidade como "máscaras" para os dedos, ringues e até espaços onde se pratica essa luta, ou seja, existe comercialização dessa manifestação. Os alunos observaram esse fato com certa estranheza, afirmando que não há necessidade desses apetrechos para que essa brincadeira seja divertida.

> **RELATO 09**
>
> Ao pesquisar sobre a história da bicicleta, o aluno Henrique trouxe para o grupo a história do BMX (abreviatura de Bicycle Motocross). A turma descobriu que essa modalidade nasceu como uma adaptação das corridas de moto usando bicicletas. O segundo item da lista de vivência dialogou com a pesquisa que o Henrique trouxe. Os alunos fizeram alguns malabarismos com a bicicleta, como saltar sobre um pequeno obstáculo no caso um bastão, um pedaço de madeira, equilibraram-se em uma roda só, andaram sobre as linhas da quadra simulando superfícies estreitas. A edição brasileira do X GAMES nos fez compreender melhor esse esporte, além de conhecermos os representantes brasileiros com uma expressiva participação nesses jogos. Os alunos assistiam ao X Games em suas casas e teciam seus comentários nas aulas: Nossa, professora, eu não sabia que tinha *skate* também e que eles andam numa pista bem estreita, chamada *street*. Caramba aquele *ralf* é muito fundo. Gente, vocês viram o Mineirinho?

> **RELATO 14**
>
> A gente discutiu também um pouquinho, como entrou nas danças, nas músicas, do DJ, foi interessante o marcou também que eles produziram, eles vivenciaram, trouxeram sua experiência, ensinaram os amigos e eles produziram suas próprias coreografias, leram isso, eles produziram os seus próprios grafites, entenderam a diferença do grafite para a pichação.

> **RELATO 05**
>
> Paralelamente à realização do trabalho, eu buscava informações sobre a cultura *hip-hop*, pois, até então, eu pouco conhecia sobre essa manifestação. Pesquisei textos, filmes, músicas. Enfim, tudo o que pudesse me ajudar nas práticas pedagógicas. Trocando ideias com uma colega de profissão, a professora da EMEF Nova Osasco, que fica na cidade de Osasco, fiquei sabendo que ela também estava trabalhando com aquela manifestação corporal na sua escola com os grupos de 3º e 4º séries. Decidimos realizar trocas entre nós professoras para que pudéssemos ampliar o nosso conhecimento a respeito daquele movimento cultural. Trocamos vídeos, textos, músicas e esses materiais foram enriquecendo e melhorando o nosso entendimento sobre o que era o movimento *hip-hop*.

Posto que a maioria das experiências discentes dos educadores, tanto na Educação Básica como nos cursos de formação inicial e contínua, provavelmente, deu-se na contramão das práticas relatadas, cremos que os excertos apresentados aqui sintetizam a lição mais difícil que os professores aprendem: transformar a própria prática pedagógica. De reprodutores e transmissores de cultura que consideram seus alunos receptáculos, passam a posicionar-se e posicioná-los como produtores de cultura.

É compreensível o incômodo experimentado por docentes e discentes mediante a adoção de uma postura inovadora de pesquisadores multiculturalistas críticos e produtores de conhecimento.

Convém frisar que, concomitantemente à elaboração e ao desenvolvimento do currículo cultural, é fundamental que os professores se familiarizem com as questões políticas e epistemológicas que circundam os Estudos Culturais e o multiculturalismo crítico.

Uma vez familiarizados com esses referenciais, a vida profissional dos professores sofre fortes modificações. Na nova posição de produtores de conhecimento, iniciam a construção de um currículo em função da experiência dos alunos, promovendo seus pontos de vista sobre as forças sociais, econômicas e culturais que configuram suas vidas e a construção histórico-social das práticas corporais às quais têm acesso na cultura paralela à escola. É nesse contexto que os docentes, conforme ressalta Giroux (1997), se posicionam como intelectuais.

No andamento do currículo cultural, tanto os alunos quanto os professores, gradativamente, blindam-se contra as investidas homogeneizantes e reprodutoras dos vieses modernos e monoculturais que impingem ao professor a responsabilidade por colocar em ação algo decidido externamente à escola e aos alunos, na tentativa de promover a assimilação passiva de conhecimentos com pouca ou nenhuma relação com suas vidas. Revelando-se contra-hegemônica, a perspectiva cultural da Educação Física exige a construção coletiva das práticas e saberes, exige que todos escrevam o currículo.

SUGESTÕES DE LEITURA

CORAZZA, S. M. **Tema gerador:** concepções e práticas. Ijuí: Editora Unijuí, 2003.

FREIRE, P. **Pedagogia do oprimido.** Rio de Janeiro: Paz e Terra, 2005.

MOREIRA, A. F. B.; PACHECO, J. A.; GARCIA, R. L. (orgs.). **Currículo:** pensar, sentir e diferir. Rio de Janeiro: DP&A, 2004.

REFERÊNCIAS BIBLIOGRÁFICAS

APPLE, M. W.; BURAS, K. L. Respondendo ao conhecimento oficial. In: APPLE, M. W.; BURAS, K. L. et al. **Currículo, poder e lutas educacionais:** com a palavra, os subalternos. Porto Alegre: Artmed, 2008. p. 273-286.

BERNSTEIN, B. **Pedagogia, control simbólico e identidad**. Madrid: Morata, 1998.

CANDAU, V. M. Multiculturalismo e educação: desafios para a prática pedagógica. In: MOREIRA, A F.; CANDAU, V. M. (Orgs.). **Multiculturalismo:** diferenças culturais e práticas pedagógicas. Petrópolis: Vozes, 2008. p. 13-37.

CANEN, A. Sentidos e dilemas do multiculturalismo: desafios curriculares para o novo milênio. In: LOPES, A. C.; MACEDO, E. (orgs.) **Currículo:** debates contemporâneos. São Paulo: Cortez, 2010. p. 174-195.

CANEN, A.; OLIVEIRA, A. M. A. **Multiculturalismo e currículo em ação:** um estudo de caso. Revista Brasileira de Educação. n. 21, p. 61-74, 2002.

DELEUZE, G.; GUATTARI, F. **Mil platôs.** Rio de Janeiro: Editora 34, 2000.

DOLL Jr., W. E. **Currículo:** uma perspectiva pós-moderna. Porto Alegre: Artmed, 1997.

GIROUX, H. **Os professores como intelectuais:** rumo a uma pedagogia crítica da aprendizagem. Porto Alegre: Artmed, 1997.

KINCHELOE, J. L.; STEINBERG, S. R. **Repensar el multiculturalismo.** Barcelona: Octaedro, 1999.

LEFÈBVRE, H. **Lógica formal, lógica dialética.** Rio de Janeiro: Paz e Terra, 1983.

LOPES, A. C.; MACEDO, E. O pensamento curricular no Brasil. In: LOPES, A. C.; MACEDO, E. (orgs.) **Currículo:** debates contemporâneos. São Paulo: Cortez, 2010. p. 133-149.

MIZUKAMI, M. G. N. **Ensino:** as abordagens do processo. São Paulo: EPU, 1986.

NEIRA, M. G. O currículo multicultural da Educação Física: uma alternativa ao neoliberalismo. **Revista Mackenzie de Educação Física e Esporte,** v. 05, n. 02, p.75-83, 2006.

_____. O ensino da educação física na educação básica: o currículo na perspectiva cultural. In: MOREIRA, E. C. (org.). **Educação física escolar:** desafios e propostas. 2. ed. Jundiaí: Fontoura, 2009.

NEIRA, M. G.; NUNES, M. L. F. **Educação física, currículo e cultura.** São Paulo: Phorte, 2009.

SHOR, I.; FREIRE, P. **Medo e ousadia:** o cotidiano do professor. Rio de Janeiro: Paz e Terra, 1986.

SOUSA SANTOS, B. Dilemas do nosso tempo: globalização, multiculturalismo e conhecimento, entrevista concedida a L. A. Gandin e A. M. Hypolito, **Educação e Realidade,** v. 26, n.1, p. 13-32, 2001.

WORTMANN, M. L. C. Análises culturais – um modo de lidar com histórias que interessam à educação. In: COSTA, M. V. (org.) **Caminhos investigativos II:** outros modos de pensar e fazer pesquisa em educação. Rio de Janeiro: Lamparina Editora, 2007, p. 71-90.

11

Registro e avaliação

Um último procedimento didático requerido pelo currículo cultural da Educação Física é a construção de registros que facilitem a retomada do processo para socialização, discussão em sala de aula e redirecionamento da ação educativa.

> **RELATO 07**
>
> Naquele momento do projeto, o caderno de Educação Física já possuía um minidicionário com palavras características do meio cultural dos capoeiristas como, mandinga, abadá, viola, beriba, mandingueiro e o grupo já estava com uma grande quantidade de fotos e filmagens para a construção do portifólio digital que seria entregue ao final do projeto.

> **RELATO 04**
>
> De início, solicitei aos alunos/as que realizassem uma pesquisa que se configurava pelas respostas à seguinte pergunta: O que são lutas? Entreguei a todos/as uma folha de sulfite para que essas respostas voltassem às minhas mãos, a fim de avaliar seus conhecimentos sobre lutas e, também, com vistas à avaliação ao final do ano letivo. [...] Ressalto que os/as aluno/as trabalhavam com uma ficha de registro em que escreviam, desenhavam e opinavam sobre algumas aulas. Esse material permanecia comigo para evitar perdas e extravios. Foi importante trazê-lo em todas as aulas para que pudessem perceber a continuidade dos trabalhos.

No decorrer das atividades de ensino, as anotações das observações e análises do cotidiano das aulas possibilitam a reunião das informações necessárias para a avaliação do trabalho pedagógico. Em semelhança aos procedimentos empregados pelas atividades de ensino, a avaliação no currículo cultural também se caracteriza pela adoção de uma postura etnográfica, ou seja, para além da observação, os professores registram as ações didáticas desenvolvidas, os encaminhamentos efetuados e as respostas dos educandos. Também recolhem e arquivam exemplares dos materiais produzidos pelos alunos durante as aulas ou a partir delas. A coleta de dados sobre o processo subsidia a reflexão a respeito da prática educativa e acumula indícios, tanto dos acertos quanto dos possíveis equívocos pedagógicos cometidos no decorrer do processo. No currículo cultural, "a avaliação é da prática educativa, e não de um pedaço dela" (FREIRE, 1982, p. 94).

> **RELATO 06**
>
> Combinamos que haveria "grupos de registro": ao final de cada aula, um grupo ou um membro do grupo registraria em seu próprio caderno o que havia acontecido. Expliquei que deveriam observar a aula, os seus ocorridos e possíveis conflitos, e não somente olhar para o jogo em si, ou para o time que ganhou ou perdeu. Enfatizei a importância do registro como forma de subsidiar o assunto tratado, para mantermos a sua continuidade. [...] Inferi que os registros, feitos nas aulas, nos auxiliaram no

caminhar do projeto. Por vezes, esses registros dos grupos alimentaram as discussões em sala e, possivelmente, construíram representações. Representações estas de se posicionarem frente a diversas discussões. A retomada dos registros foi uma maneira de mantermos a continuidade das atividades, como também, de as crianças entenderem os apontamentos dos seus amigos e amigas, sobre o que eles pensavam e haviam observado das aulas.

RELATO 13

Durante a elaboração, observei o processo de perto, sempre registrando as falas e auxiliando-os na solução das dificuldades que surgiram. A exposição dos grupos também foi observada e registrada. Após as apresentações, organizei listas com os conhecimentos (gestos e técnicas corporais específicas da capoeira, informações sócio-históricas, curiosidades etc.) demonstrados. Os documentos contendo os registros foram utilizados como norteadores da organização das etapas seguintes do trabalho.

Uma vez que o mapeamento diagnosticou a cultura de chegada, os registros elaborados pelos docentes facilitam a identificação das insuficiências e alcances das atividades de ensino desenvolvidas. Muitas situações didáticas merecem um olhar atento, especialmente para as relações estabelecidas entre os sujeitos envolvidos e entre eles e os conhecimentos abordados. Com frequência, os questionamentos, interesses e conflitos identificados assinalam a necessidade de planejar e desenvolver novas atividades de ensino.

Observamos que, no currículo cultural, a avaliação é principalmente um processo de negociação grupal com o propósito da transformação (DOLL, 1997, p. 190). "Ela é usada como um *feedback*, parte do processo interativo de fazer-criticar-fazer-criticar. Este processo recursivo de fazer privado e crítica pública [...] é essencial para a transformação da experiência".

> **RELATO 09**
>
> Todas as aulas foram acompanhadas de registros por parte dos alunos e da professora. Começávamos com a leitura do registro da aula anterior por um dos alunos que havia sido eleito pelo grupo. O gênero escolhido para essa tarefa e empregado durante todo o projeto foi a narrativa. O registro, além de situar os colegas que não estiveram presentes naquela aula, permitia-nos identificar o percurso de aprendizagem dos alunos e possibilitava uma intervenção pontual, no sentido de esclarecer alguns equívocos, por exemplo: em um relato, o aluno afirmou que o colega não tinha resistência para andar de bicicleta. Nesse caso, coube uma pergunta: "Pedro, o Renato então não pode andar de bicicleta? Ele não tem resistência ou a resistência dele é diferente da do colega?". Nesse contexto, o registro funcionou como atividade avaliativa, pois esteve a serviço da reorientação das ações didáticas e, integrado ao processo. [...] Na aula seguinte, retomamos a aula anterior com o auxílio do registro que ainda foi feito e lido por mim, com um diferencial, perguntei se o grupo concordava com o meu registro e se alguém gostaria de acrescentar alguma informação que eu tivesse esquecido, o grupo concordou com o meu texto sem fazer qualquer alteração.

O processo avaliativo que caracteriza o currículo cultural da Educação Física alinha-se ao que Canen (2001) denomina "avaliação diagnóstica multicultural". O trabalho de avaliação diagnóstica implica um acompanhamento contínuo das atividades desenvolvidas no currículo em ação. O objetivo é conhecer os universos culturais dos alunos e verificar como ocorre o diálogo destes com os padrões culturais abraçados pelo professor. O ajuste de rotas que a avaliação diagnóstica multicultural permite desafia o tratamento da diversidade cultural de forma abstrata, como se esta estivesse presente apenas na sociedade mais ampla. Concebida de forma multicultural, a avaliação volta-se ao reconhecimento da diversidade cultural e da construção das diferenças também no interior da sala de aula. Busca conhecer e levar em conta essa diversidade e não somente classificar os alunos.

A preocupação com o que acontece durante a ação curricular corrobora os achados de Escudero (2011, p. 161), por ocasião da sua investigação sobre a avaliação no currículo cultural da Educação Física: "A avaliação foi tecida por alunos e professores, que ao puxar e desembaraçar os fios cada um do seu jeito, foram atribuindo sentido para as aulas, para as discussões, para sua presença na escola".

As práticas avaliativas do currículo cultural escrevem os percursos e para tecerem essa escrita, professores e alunos, a partir do coletivo, permitem-se mexer no texto, apagá-lo, dando-lhe uma forma permanentemente aberta para que outros grupos possam alterá-lo, criticá-lo, enfim, reescrevê-lo.

Ao finalizar o estudo sobre uma manifestação corporal específica, o professor pode organizar uma atividade avaliativa visando descobrir, em que medida, os procedimentos didáticos adotados naquele período letivo contribuíram para ampliar o repertório dos conhecimentos do grupo, bem como para superar os preconceitos e concepções identitárias inicialmente reveladas. Uma análise mais detalhada do produto final que os alunos elaboram ao término dos trabalhos, quando entrecruzada com os registros do processo, constitui elemento privilegiado para avaliar as modificações das representações iniciais sobre as práticas corporais e seus representantes, levantadas por ocasião do mapeamento.

Após problematizar a sistemática de jogo e a configuração da tabela do Campeonato Paulista de Futebol, situação descrita no Relato 11, os trabalhos findaram com a elaboração de um torneio pelos alunos após a ressignificação do formato oficial. As pessoas que protagonizaram o estudo do *hip-hop* narrado no Relato 05, montaram um espaço para apresentação durante um evento da escola. Além da exposição de materiais (grafites, *raps* e vídeos) produzidos durante o trabalho, foram organizadas oficinas para que os visitantes pudessem vivenciar aquelas formas de expressão.

RELATO 08

Contemplando a expectativa de aprendizagem que orienta para que os alunos elaborem registros a partir das vivências, eles elaboraram um relato no qual deveriam dizer o que aprenderam com as atividades desenvolvidas no projeto.

> **RELATO 10**
>
> Como conclusão do projeto, foi solicitada uma atividade em que os alunos deveriam, em grupos, organizar um texto no qual todos os elementos estudados durante o projeto deveriam figurar as vertentes da capoeira (Regional, Angola e Contemporânea), as entrevistas com os capoeiristas, as representações das pessoas sobre a capoeira e, por fim, as conclusões sobre a prática estudada. Atribuiríamos um conceito pela atividade, mas ressaltei a importância de analisarmos diferentes pontos de vista sobre um assunto e tentarmos entender o que levariam a essas conclusões, e que o material também me serviria como avaliação sobre a realização do projeto.

Num currículo influenciado pelo multiculturalismo crítico, os professores compreendem os alunos como portadores de conhecimento, pois iniciam os trabalhos investigando seu universo cultural para, com base nas informações obtidas, confrontá-las com outros conhecimentos, ampliando o olhar sobre a manifestação corporal. Quando essa ampliação se materializa, a estrutura do desenho inicial sofre modificações, ou seja, à medida que os conhecimentos são hibridizados com outros discursos, o todo provisório é redesenhado. Os professores materializam as mudanças nas representações dos alunos por meio de produções/criações parciais e provisórias. Por sua provisoriedade, abrem-se as possibilidades para novos conhecimentos, indagações e para que outras pautas sejam discutidas.

Nessa concepção de avaliação, o professor, antes, durante e ao final das atividades de ensino, recolhe informações que lhe permitam refletir sobre as ações didáticas propostas. Os docentes podem manter anotações diárias em que constem impressões pessoais realizadas durante o percurso curricular. A interpretação crítica dos conteúdos do diário de campo, para além de subsidiar a continuidade das ações didáticas, possibilita a reflexão sobre o próprio processo formativo.

SUGESTÕES DE LEITURA

ESCUDERO, N. T. G; NIEIRA, M.G. Avaliação da aprendizagem em Educação Física: uma escrita autopoiética. **Est. Aval. Ed.**, São Paulo, v. 22, n. 49, p.285-304, maio/agosto 2011.

ESTEBAN, M. T. Avaliação no cotidiano escolar. In: _____.
Avaliação: uma prática em busca de novos sentidos. 5. ed. Rio de Janeiro: DP&A, 2003. p.7-28.

_____. Ser Professora: avaliar e ser avaliada. In: _____. **Escola, currículo e avaliação.** São Paulo: Cortez, 2008. p.13-37.

FREITAS, L. C. de. **Ciclos, seriação e avaliação:** confronto de lógicas. São Paulo: Moderna, 2003.

REFERÊNCIAS BIBLIOGRÁFICAS

CANEN, A. Relações raciais e currículo: reflexões a partir do multiculturalismo. In: OLIVEIRA, I. (org.). **Relações raciais e educação:** a produção de saberes e práticas pedagógicas. Niterói: Intertexto, 2001. p. 63-77.

DOLL Jr., W. E. **Currículo:** uma perspectiva pós-moderna. Porto Alegre: Artmed, 1997.

ESCUDERO, N. T. G. **Avaliação da aprendizagem em educação física na perspectiva cultural:** uma escrita autopoiética. 2011. Dissertação (Mestrado em Educação) – Faculdade de Educação, Universidade de São Paulo, São Paulo, 2011.

FREIRE, P. Educação. O sonho impossível. In: BRANDÃO, C. R. (org.). **Educador:** vida e morte. Rio de Janeiro: Graal, 1982. p. 89-101

12

Considerações finais

O currículo cultural da Educação Física é aquele que, como seu próprio nome indica, tem como ponto de apego a cultura; pensa e age a partir da análise cultural. Pensa a partir das perspectivas pós-críticas da educação, sobretudo os Estudos Culturais e o multiculturalismo. Age por meio dos temas culturais corporais, investigando e debatendo questões de classe, gênero, orientações sexuais, cultura popular, etnia, religiosidade, força da mídia, processos de significação e disputas entre discursos, políticas de identidade e da diferença, culturas juvenil e infantil. É desse modo que o currículo cultural da Educação Física aborda as formas contemporâneas de luta social impregnadas nas manifestações culturais corporais.

Nessa proposta, a cultura não é um objeto passivo de recebimento e transmissão, nem tampouco as práticas corporais são artefatos para mera contemplação, assimilação e consumo. A cultura, suas diversas manifestações e seus sentidos produzidos

Para elaborar estas Considerações Finais, parafraseamos e inspiramo-nos no estilo de Sandra Corazza no seu manifesto "Diferença pura de um pós-currículo", publicado em LOPES, A. C.; MACEDO, E. (Orgs.). *Currículo*: debates contemporâneos. São Paulo: Cortez, 2010.

e recebidos são dinâmicos e vivem em um permanente estado de transformação e conflito. O processo de significação continuamente se defronta com a tensão entre as relações de poder que tentam fixá-lo e naturalizá-lo e sua tendência ao deslizamento, resistência em ser aprisionado, fechado, definido. O currículo cultural da Educação Física empreende uma análise das razões que impulsionaram o surgimento e modificações de determinada prática corporal, bem como os significados a ela atribuídos. Nessa operação, os fatores relativos às questões de etnia, classe social e gênero, entre outros, são obrigatoriamente desocultados.

Na arena de disputas da área, o currículo cultural da Educação Física situa-se a favor dos mais fracos, comprometendo-se com a cultura corporal criada e recriada por todos os grupos que coabitam a sociedade. Isto significa tematizar ao longo do percurso escolar as práticas corporais com suas histórias, biografias, formas latentes e manifestas de dominação e regulação, resistência e luta, também do ponto de vista dos oprimidos, com a pretensão de desestabilizar as representações produzidas de forma unilateral.

O conhecimento subordinado representa um papel primordial do currículo inspirado no multiculturalismo crítico, pois sua valorização na instituição educativa contribui para democratizar as visões de sociedade, política e educação. Daí o repúdio à exaltação do desempenho de qualquer tipo e à perseguição de comportamentos padronizados considerados ideais do ponto de vista dos grupos de maior visibilidade na sociedade.

Um currículo assim não opera com conceitos e critérios técnicos, tais como sequências didáticas, eficiência, níveis de aprendizagem, período ideal, prontidão, competências etc., baseados no produto e na homogeneização da diversidade social. Os conceitos e critérios do currículo cultural possuem potencial político: articulação com um projeto institucional coletivo, enraizamento cultural, evitar o daltonismo cultural, descolonização do currículo, ancoragem social dos conhecimentos, justiça curricular, mapeamento da cultura corporal, ressignificação, ampliação, aprofundamento, leitura e interpretação das práticas, pedagogia do dissenso, patrimônio cultural subalternizado, abordagem etnográfica etc.

O currículo cultural da Educação Física não aceita os pressupostos neoliberais propositadamente camuflados nas vertentes tecnicistas, pois partem do princípio que existe uma identidade totalizadora e preferem trabalhar com os iguais ou para que todos se tornem iguais. Manifestando uma oposição ferrenha a essa postura e, preocupado com a democratização da experiência pedagógica, o currículo cultural aposta no diálogo das diferenças e com os diferentes. Desenvolve atividades para que os alunos compreendam a identidade como construção, sempre provisória e não como essência acabada. Essa estratégia chama a atenção para o caráter multicultural das sociedades.

No diálogo cultural, o professor trabalha dialeticamente entre a ideologia da cultura dominante e as ideologias das muitas culturas existentes. Ao estimular o confronto entre o ponto de vista hegemônico que impregna as manifestações culturais corporais e as noções oriundas das demais posições sociais, acaba por fomentar o desenvolvimento de uma dupla consciência nos representantes das práticas corporais minoritárias. Trata-se da habilidade de enxergar a própria identidade cultural por meio da percepção que os demais possuem. No limite, a intenção é elucidar as relações de poder intrínsecas ao patrimônio cultural corporal que atuam para configurar determinadas manifestações como melhores, a identidade, e outras como piores, a diferença.

Para além de uma metodologia dialética, o currículo cultural sofre influências da etnografia e da genealogia arqueológica enquanto abordagens pedagógicas. Quando os processos sócio-histórico-políticos que configuraram a hierarquização das práticas corporais são desvelados, evidenciam-se as condições desiguais de produção e reprodução, bem como os discursos utilizados para exaltar ou marginalizar as manifestações corporais, o que facilita a compreensão do processo de subjetivação que envolve os mecanismos de identificação e diferenciação.

Ao dialetizar as manifestações culturais produzidas pelos diferentes grupos que compõem a comunidade escolar e a sociedade mais ampla, o currículo inspirado nos Estudos Culturais e no multiculturalismo cria condições para o desenvolvimento da criticidade, indispensável à capacidade de fazer escolhas conscientes e, por consequência, ao exercício da cidadania. Contudo, vale lembrar que apenas a criticidade não dá conta de uma postura cidadã. Tão importante quanto a crítica, é a produção, segundo movimento do currículo cultural, por meio da qual se estimula a reconstrução, após a desconstrução, das representações que os alunos possuem acerca dos temas estudados.

O currículo multiculturalmente orientado reafirma o princípio de que um bom ensino é aquele que considera seriamente o patrimônio da comunidade e abre espaço para a diversidade de etnias, classes sociais, religiões, gêneros e demais marcadores sociais que perpassam a cultura corporal das populações estudantis. Em franca oposição aos currículos pautados nos princípios psicobiológicos, o currículo cultural não considera que as diferenças sejam impeditivos nem que os diferentes sejam vítimas a quem é preciso diagnosticar, dominar, controlar, regular e normalizar. Muito pelo contrário, nesta perspectiva, a diversidade é bem-vinda. Pois, em seu entendimento, as diferenças funcionam como pontos de partida para a prática pedagógica. Sensível à diversidade, o currículo cultural escuta o que os diferentes têm a dizer e presta atenção no repertório cultural corporal que os identifica.

De modo deliberado, desestabiliza o domínio das práticas corporais euroamericanas, burguesas, cristãs e heterossexuais para enfatizar também as produções populares, radicais, juvenis, infantis, urbanas, tecno e afrobrasileiras, transformadas em temas de estudo. O currículo cultural da Educação Física não tem a intenção de trocar o centralismo da cultura corporal dominante por um centralismo das culturas dominadas. O que se está a defender é a descolonização do currículo, solicitando que os temas relativos à cultura corporal subordinada componham a agenda dos debates escolares por terem sido historicamente desdenhados ou tergiversados.

Nesse prisma, a cultura corporal dominante é analisada sob outros ângulos, tomando como base as crenças epistemológicas subordinadas. Esta análise não significa que tal patrimônio tenha um caráter demoníaco ou se constitua em artimanha arquitetada pelas elites contra os desfavorecidos. Pretende, simplesmente, empreender uma cuidadosa investigação dos aspectos que caracterizam as práticas corporais, independentemente da sua origem ou pertencimento.

A partir do mapeamento do patrimônio cultural corporal da comunidade, os educadores investigam e recuperam as experiências dos estudantes, analisando seus saberes sobre as práticas corporais e as formas com as quais suas identidades se inter-relacionam com essas manifestações. A intenção é trabalhar pedagogicamente esses conhecimentos de tal maneira que as identidades culturais dos grupos que frequentam a escola possam ser legitimadas na instituição e, consequentemente, na sociedade. A problematização dos conhecimentos oriundos dos alunos no currículo leva-os a olharem mais além de suas próprias experiências seja qual for o seu posicionamento no emaranhado social.

Atuando dessa forma, confere aos professores a autonomia suficiente para empreenderem uma recontextualização pedagógica dos textos culturais vistos como inapropriados e gerirem a diversidade cultural presente na sala de aula, mediante a produção de novos saberes a respeito dos alunos e da própria ação pedagógica.

Ao situar-se na antítese das propostas hegemônicas, o currículo cultural da Educação Física parte de objetivos institucionais acordados coletivamente para expressar as forças combativas da resistência de determinados grupos docentes e a sua liberdade para construir percursos conforme os contextos em que se encontram, assimilando as experiências de professores, pais, alunos, funcionários, membros da comunidade e de todos aqueles que desejem contribuir com seus conhecimentos.

A sua vocação para a luta sinaliza a importância de discutir e produzir uma prática contra-hegemônica. Empenha forças na ampliação das possibilidades solidárias, populares e democráticas, que não silenciam ou marginalizam os grupos subalternizados. Faz isso, historicizando, politizando, culturalizando e inventando novas e ousadas manifestações corporais por meio da ressignificação. As atividades de ensino que emprega também fogem ao lugar-comum, pois detentoras de um espírito participativo e democrático, são elaboradas como possibilidades e não como certezas.

O currículo cultural recorre, com frequência, aos mecanismos de diferenciação pedagógica. As conversas, assistência a vídeos, pesquisas, visitas, entrevistas, seminários, vivências corporais, trabalhos coletivos com outras escolas, leitura de textos argumentativos, científicos ou de notícias, participação em eventos, contato com adereços constituintes das práticas corporais, construção de materiais, elaboração de apresentações para a comunidade, além de múltiplas formas de registro e documentação, estão entre as artimanhas empregadas para aproximar e confrontar conhecimentos a respeito de um mesmo tema da cultura corporal, que viabilizam o reconhecimento das diferenças e potencializam interesses e características socioculturais dos alunos.

A tessitura das atividades de ensino e das aulas não segue uma sequência didática preestabelecida. Metaforicamente assemelha-se a um jogo de capoeira. Tal qual um capoeirista, o currículo cultural consegue avançar sobre antigas crenças e problematizar os posicionamentos emitidos pelos estudantes com base nas próprias experiências. É mais um momento para a crítica cultural, quando se propicia o questionamento sobre tudo que possa ser natural e inevitável. O currículo cultural coloca em xeque e permite novos olhares sobre aquilo com que usualmente lidamos de modo acrítico. Consequentemente, os conhecimentos veiculados não figuram de um plano estipulado a priori. Dependem do destrinche, da análise e do que vier a surgir, desde que contribuam para uma melhor compreensão não só a manifestação em si, como também de quem produziu e reproduziu.

Mediante o fazer pedagógico que caracteriza o currículo cultural, os educadores se tornam menos escolares e mais culturais. Menos parecidos com o professor e mais próximos do artista, trabalhando na linha da divergência e da reconceituação daquilo que está posto. Afinal, elaborar e desenvolver esse currículo não deixa de ser uma prática artística ainda não imaginada e impossível de ser copiada. Uma prática do desassossego que desestabiliza o conformado, o acomodado, os antigos problemas e as velhas soluções. Prática que estimula outros modos de ver e de ser visto, dizer e ser dito, representar e ser representado.

O ambiente de imprevisibilidade que envolve esse currículo cultural leva os professores e alunos a aprimorarem estratégias de registro. A documentação do cotidiano, elaborada com os propósitos de avaliar e diagnosticar, implica um acompanhamento contínuo das atividades desenvolvidas durante a ação curricular. Ora se volta para os universos culturais dos alunos a fim de verificar como dialogam com os padrões culturais abraçados pelo professor, ora serve como instrumento para ajustar o percurso. A correção da rota tem por objetivo desafiar o tratamento da diversidade cultural de forma abstrata, como se esta estivesse presente apenas na sociedade mais ampla. Concebida de forma multicultural, a avaliação que caracteriza o currículo cultural da Educação Física reconhece a diversidade cultural e a construção das diferenças também no interior da sala de aula.

Significando-se como multicultural crítico em situação permanente de luta social, esse currículo adquire conotações de estratégia política. Com suas intervenções, os docentes procuram ajudar os estudantes a reconhecerem vestígios de preconceitos conectados às práticas corporais. Politicamente engajado em problemas sociais, o currículo cultural revela-se uma prática teórico-investigativa e, ao mesmo tempo, uma prática ativa de transformação cultural, imersa em relações de poder, particularidades das distintas culturas corporais e produções de subjetividades multiculturais.

Trata a cultura corporal como invenção de diversas formações históricas, produzidas por conflitos e negociações, privilégios e subordinação. Proporcionando a relação com todos os formatos disponíveis das manifestações corporais, sem hierarquizá-las, vivencia, lê, interpreta, pesquisa, aprende e ensina suas técnicas, trajetórias, características, segredos, adereços e desvela suas marcas sociais.

Esse currículo orgulha-se de promover uma política educativa multicultural crítica por meio de questionamentos, problematizações, diálogos e ações cooperativas entre professores, alunos e outros participantes. Ignora as divisões e classificações de saberes, baseadas em níveis de escolarização ou séries, ciclos ou faixas etárias, áreas de estudo ou disciplinas. Transitando pela Sociologia, História, Filosofia, Política, entre outras áreas, ele vai buscar quaisquer conhecimentos relevantes para realizar análises culturais das práticas corporais, visando ao aprofundamento e à ampliação do potencial de leitura e interpretação dos alunos. Utiliza, assim, todos os saberes necessários para estudar as diversas facetas que as brincadeiras, danças, lutas, ginásticas ou esportes possam ter.

Para aprofundar e ampliar as representações dos alunos, o currículo cultural ouve e discute os posicionamentos que surgirem acerca da prática corporal tematizada, apresenta sugestões, reconstrói corporalmente a manifestação, oferece novos conhecimentos oriundos de pesquisas, potencializa o encontro com vozes dissonantes, olhares distintos e perspectivas diferentes. O resultado final é a elevação dos diferentes grupos à condição de sujeitos da transformação da prática corporal em estudo, além da dissipação de possíveis guetos culturais.

O currículo cultural não vê problema algum em ser perspectivista, híbrido, miscigenado, cruzador de fronteiras. Aliás, orgulha-se de ser mestiço e de promover a justiça curricular por meio da seleção equilibrada dos temas de estudo, tomando como referência seus grupos culturais representantes, o lugar social das práticas corporais, tempos históricos ou peculiaridades. As atividades de ensino atentas à justiça curricular promovem, entre outras situações, a desconstrução da maneira hegemônica de descrever o outro cultural e valorizam os diversos saberes culturais. A partir daí os alunos podem entender a heterogeneidade social com base na democratização das políticas de identidade e da validação da diversidade da cultura corporal.

Por ser experimental, o currículo cultural nada promete aos educadores e educandos, mas garante-lhes a intensificação da sua condição de analistas críticos das práticas corporais situadas na paisagem social. O currículo cultural modifica o que seja ensinar, planejar, escolarizar, pedagogizar, curricularizar. Promove inusitados modos de ser e existir como professor e estudante. O currículo cultural se configura como uma experiência de emancipação, como um projeto coletivo de liberdade, como batalha por uma Educação Física que transcende os muros da escola. Uma Educação Física da diferença que muitas vezes subverte a ocorrência das práticas corporais naqueles ambientes contaminados pela exclusão.

As atividades de ensino que caracterizam o currículo multicultural crítico envolvem-se com a análise e problematização das culturas corporais socialmente ancoradas, pois adota como ponto de partida do trabalho pedagógico as representações que os alunos possuem, adquiridas na cultura experiencial. A partir daí efetua as vivências fazendo-se acompanhar de uma reflexão sobre o vivido por meio da leitura e da interpretação da gestualidade. O currículo cultural pluraliza as ações, ideias, palavras e relações. Estimula diferentes formas de formular e de viver práticas educacionais alternativas ao projeto monocultural, e positiva meios para divulgar tais práticas, fazê-las circular e serem debatidas, de maneira a inspirar outras tantas.

Todavia, comete um grave equívoco quem pensa que o currículo cultural não sofre resistências. Como em qualquer atividade inédita, os estudantes, a comunidade e, até mesmo, os professores apresentam dificuldades em aceitar uma política pedagógica com esse teor. Não são poucas as reações agressivas à proposta, as dissimulações e o menosprezo. Também é comum a resistência da instituição e do corpo discente ao reconhecimento das práticas corporais diferentes. É num contexto como esse que o multiculturalismo pode ganhar um indesejável tom compensatório. A ausência do combate aos preconceitos, ao invés de unir os estudantes à sua história, amplia ainda mais seu afastamento, em virtude da falta de discussões acerca das conexões das manifestações da cultura corporal com o passado, o presente ou do necessário reconhecimento dos problemas enfrentados pelos grupos nos quais as práticas se originaram, reproduziram e hibridizaram.

Para que se evite o daltonismo cultural embutido na resistência à hibridização, o currículo cultural recorre à pedagogia do dissenso como forma de enfrentamento. A validação da riqueza decorrente da existência de diferentes culturas no espaço escolar, evita a homogeneização ou uniformização da diversidade apresentada pelos alunos e dos resultados das ações formativas.

É importante recordar que as escolas são mais do que um mecanismo de dominação; também são lugares onde formas particulares de conhecimento, relações sociais e valores podem ser trabalhados para educar estudantes a tomarem seu lugar na sociedade em uma posição de controle, em vez de uma posição de subordinação ideológica. As escolas são locais parcialmente autônomos, onde professores e estudantes podem resistir à lógica dominante e efetivamente posicionar-se como de autores do currículo.

Por tudo isso, colocar em ação o currículo cultural da Educação Física significa abrir mão do estabelecimento de valores a partir de princípios conservadores e hegemônicos. A tese central é que essa perspectiva atua no sentido da convergência e da divergência de ideias dependentes do contexto cultural. O currículo multiculturalmente orientado expõe e confronta sentimentos e desejos, desestabiliza o acomodado e desconstrói as certezas. Por meio de um currículo sempre em movimento, um currículo pós-crítico, a educação multicultural não apenas denuncia e escancara as relações de opressão, mas, fetichiza novas maneiras de ser e de viver e experimenta o prazer de construir novos conhecimentos e formas de convívio entre os seres humanos.

Ultimando estas considerações, sintonizamo-nos com o posicionamento político e pedagógico explicitado por Paulo Freire para afirmar nossa desesperança na construção de uma sociedade mais democrática e menos desigual por meio de currículos tradicionais e fechados, nos quais muitos grupos que frequentam a escola não se vejam representados dignamente. Defendemos uma noção curricular aberta ao diálogo cultural. Por isso, recusamos o aceite de qualquer proposta sem debate ou crítica. Não pode haver uma proposta definitiva, um só caminho a seguir. Outros são sempre possíveis e necessários.